GOLDMANN

Buch

Rosmarie Buris Buch ist die Autobiographie einer ungewöhnlichen Frau – ungewöhnlich in ihrer Schlichtheit und Herzlichkeit. Sie war es nicht gewohnt, mit Sprache und Schrift umzugehen, und was wir heute lesen, ist direkt aus ihrem Herzen gekommen. In einfachen, ungekünstelten Sätzen beschreibt sie ihre Kindheit und Jugend, die geprägt war von Unverstandensein, von menschlichen und sozialen Mißständen. Rosmarie Buri hat weder psychologisiert noch analysiert und kaum kritisiert. Sie hat sich ihre Lebensgeschichte, so wie sie sich ihr offenbart, aus der Seele geschrieben – bestechend in ihrer Unverfälschtheit und Ehrlichkeit.

»Dumm und dick« waren die Worte, die sie oft zu hören bekam, die ihren Lebensweg begleiteten. Unter Schlägen und Unverstandensein, aber auch unter mangelnder Fürsorge und Liebe hatte sie am meisten zu leiden. Es beeindruckt zutiefst, wie sie sich aus dieser Isolation fast ohne fremde Hilfe befreite, wie sie sich trotz allem Liebe, Wärme und Offenheit bewahren konnte.

Ihr Buch konfrontiert uns nicht nur mit einem Frauenschicksal, sondern auch mit einem Stück Sozialgeschichte. Durch die deutliche Sprache zeigen die Verhältnisse, unter denen Rosmarie Buris alleinerziehende Mutter während des Zweiten Weltkrieges zu bestehen hatte, was es bedeutete, aus der Unterschicht zu kommen.

Autorin

Rosmarie Buri, Jahrgang 1930, mußte ihr Manuskript bei zahlreichen Verlagen zur Prüfung einreichen, bis ihr Buch erscheinen konnte. Dann jedoch hat sich *»Dumm und dick«* in der Schweiz über Nacht zu einem Riesenbestseller entwikkelt, und sehr bald wurden auch Presse und Lesepublikum in der Bundesrepublik auf diese außergewöhnliche Frau aufmerksam.

ROSMARIE BURI

»Dumm und dick«

Mein langer Weg

GOLDMANN VERLAG

Das Buch von Rosmarie Buri »Dumm und dick«
lag bereits unter der Nummer 41422 vor.

Umwelthinweis:
Alle bedruckten Materialien dieses Taschenbuches
sind chlorfrei und umweltschonend.
Das Papier enthält Recycling-Anteile.

Der Goldmann Verlag
ist ein Unternehmen der Verlagsgruppe Bertelsmann

Genehmigte Taschenbuchausgabe

Umschlaggestaltung: Design Team, München
Druck: Presse-Druck Augsburg
Verlagsnummer: 41422
Lektorat: Silvia Kuttny/AK
Herstellung: Stefan Hansen/sc
Made in Germany
ISBN 3-442-41422-9

5 7 9 10 8 6

Inhalt

Mutter 7

Kindheit 11

Picknick 13

Ausreißer 16

Kündigung 21

Das neue Zuhause 23

Die Schule 26

Vreneli 33

Mobilmachung 35

Seelennot 37

Tod 43

Das Leben geht weiter 53

Ein Tagesablauf 59

Sonntag 62

Malschachtel 65

Pfeffersuppe 67

Der große Tag 69

Einbrecher 73

Weißhaar 76

Embolie 79

Holzen 81

Alptraum 87

Pfarrers Strümpfe 90

Weihnachten 101

Das Fahrrad 105

Mit dem Fahrrad nach Bern 107
Grauen und Schrecken 110
Die Kündigung 114
Der Offizier 117
Jugendskilager 119
Der Bauer 125
Die Oberschule 127
Läuse 136
Taglohn 138
Die erste Liebe 142
Die Wende 144
Hochzeitstag 152
Herbstferien 154
Schulden 156
Der Alte 159
Aljahrssingen 162
Konfirmation 164
Abschied 170
Fremdes Brot 172
Wieder zu Hause 203
Sekte 210
Zimmermädchen 215
Röseligarten 221
Eine neue Stelle 241
Meine letzte Station 265
Kinder sind eine Leihgabe 272

Mutter

Am 12. Dezember 1901 nahm das Schicksal meiner Mutter seinen Anfang. In der Nähe von Airolo im Tessin erblickte sie das Licht der Welt. Ihr Vater, mein Großvater, arbeitete dort als Wächter in einer Armee-Festung. Bei der Geburt meiner Mutter war Großmutter ganz auf sich alleine gestellt. Da war niemand, der ihr den Haushalt führte, weder vor noch nach der Niederkunft. So blieb ihr nichts anderes übrig, als nach der Geburt wieder aufzustehen, um die nunmehr vier Kinder zu versorgen. Schwach wie sie war, wankte sie die Treppe hinunter, um am Brunnen Wasser zu holen, doch den Rückweg mit dem vollen Kessel schaffte sie nicht mehr. Sie fiel damit die eisenbeschlagene Treppe hinunter und verblutete.

Die Großmutter wurde beerdigt und das Neugeborene getauft; danach machte sich Großvater mit den vier kleinen Kindern auf den langen und beschwerlichen Weg nach Riggisberg. Endlich dort angekommen, glaubte er, am Ziel zu sein, aber er hatte sich getäuscht. Seine Mutter, der er die Kinder überlassen wollte, aß bei ihrer Tochter auch nur noch das Gnadenbrot. Zwei von den Kindern konnten dann trotzdem bleiben, die anderen wurden bei weiteren Verwandten untergebracht. Ein paar Jahre lebten die Kinder so, bis die Tante alle vier zu sich nahm.

Der Großvater zahlte regelmäßig Kostgeld, kümmerte sich aber nicht mehr um seine Kinder. Er zog nach Thun und heiratete eine Frau, die fünf Kinder mit in diese Ehe brachte.

Meine Mutter und ihre Geschwister wurden in Riggisberg sehr früh zur Arbeit herangezogen. Sie hatten keine Ahnung, daß für sie Kostgeld bezahlt wurde. Die Tante ließ sie im Glauben, daß sie sich ihr Essen und die wenigen Kleider selbst verdienen müßten. Zudem sparte sie ihnen jeden Bissen vom Munde ab, so daß die Kinder des öfteren den Tisch hungrig verlassen mußten. Manchmal erbarmte sich die Großmutter der Kleinen und steckte ihnen ein wenig Geld zu, damit sie sich Brot gegen den ärgsten Hunger kaufen konnten.

Die Zeit verging. Nach den obligatorischen Schuljahren blieb meine Mutter als Magd auf dem Hof der Tante. Im Winter, wenn es auf dem Hof weniger zu tun gab, durfte sie sogar die Frauenarbeitsschule in Thun besuchen. Bald verliebte sie sich in einen hübschen jungen Burschen, den sie noch von der Schule her kannte. Von Beruf war er Spengler, und seine Eltern besaßen einen kleinen Bauernbetrieb. Meine Mutter aber paßte ihnen als Schwiegertochter gar nicht, da sie zu arm war.

Der Bräutigam meiner Mutter spielte bei der Blechmusik und sah dabei manchmal zu tief ins Glas.

Doch Mutter war jung und verliebt und dachte, wenn sie erst verheiratet wären, würde er den Alkohol sein lassen. Bald gab es kein Zurück mehr, ein Kind war unterwegs. Das Aufgebot wurde bestellt, und die beiden heirateten. In einem Bauernstöckli mitten im Dorf fanden sie eine kleine Wohnung. Mit bescheidenen Mitteln wurde das neue Zuhause eingerichtet. Bald einmal machte sich Vater selbständig und fand, nur ein paar Häuser weiter, einen geeigneten Raum für die Werkstatt. Er kaufte sich die nötigen Maschinen und konnte nun sein Handwerk ausüben. Da er sehr geschickt war, hatte er auch bald eine ansehnliche Kundschaft. Mutter besorgte den Haushalt und schaute zu dem Kindchen, meinem ältesten Bruder Franz. Ganz in der Nähe wohnte auch Vaters Bruder Gottlieb, der eine Wirtschaft führte. Mit der Zeit saß nun Vater statt bei der Arbeit immer öfters in der Gaststube.

Vater hatte von der Werkstatt zur Wohnung eine Glocke installiert, damit Mutter jeweils, wenn er auf Montage war, nachsehen konnte, was die Kundschaft für Wünsche hatte. Immer öfters wurde sie nun in die Werkstatt gerufen, und bald, bald merkte sie auch, wo Vater sich seine Zeit vertrieb. Er verfiel dem Alkohol mehr und mehr. Meine Mutter bekam schon ihr zweites Kind, meinen Bruder Johannes. Sie hoffte, nun werde alles gut, Vater hatte es ihr fest versprochen.

Mutter war gerade beim Stillen, als die Werkstattglocke sie aufschreckte. Jäh wurde sie aus ihren Träumen gerissen. Schnell legte sie das Kleine in die Wiege und eilte die Treppe hinunter, um nachzusehen, was los war. Ein Bauer stand vor der Tür und wollte sich von Vater eine Brennte löten lassen. Mutter vertröstete den Kunden und raste los, zu Gottlieb in die Wirtschaft. In der Wirtschaftsküche traf sie auf ihre Schwägerin und fragte sie nach Vater. Die jedoch meinte gehässig, sie habe ihn nicht gesehen. Noch einmal drang Mutter auf sie ein, doch erfolglos. Unverrichteter Dinge mußte sie in die Werkstatt zurück.

Am Abend stellte Mutter den Vater zur Rede. Und der gab zu, in der Wirtschaft gewesen zu sein. So geschah es noch viele Male.

Kindheit

Am 21. Juli 1930 wurde ich geboren, und drei Jahre später bekam ich noch einen Bruder, den Dani. Mutter hatte in der Zwischenzeit löten gelernt, damit sie kleinere Schäden selbst ausbessern konnte. Die geschickten Hände meines Vaters waren immer unsicherer geworden, die Gier nach Alkohol immer größer und die Familie immer ärmer. Mutter kaufte sich eine Strickmaschine, um selber etwas Geld zu verdienen. So konnte sie im Hause bleiben und zu uns Kindern schauen.

Einmal gab die Mutter dem Vater Geld, um es auf der Post einzubezahlen. Leider stand die Post vor der Wirtschaft, und das Geld wanderte in den Geldbeutel des Bruders. Mutter merkte es erst, als der Gemeindeweibel das Geld ein zweites Mal von ihr forderte. An diesem Abend kam der Vater nicht nach Hause. Erst nachts torkelte er die Treppe hinauf und mit einem Gepolter in die Stube. Auf die Frage, wo das Geld geblieben sei, schrie er mit umnebelter Stimme in der Wohnung herum. Er setzte sich aufs Bett und griff mit zittrigen Händen nach den Schuhbändeln. Endlich gelang es ihm, den Schuh vom Fuß zu streifen. In der Wut schleuderte er den Nagelschuh nach der Mutter. Er traf sie an der Hüfte, wo er ein blutunterlaufenes Mal hinterließ. Die

Mutter sank mit einem Wehlaut aufs Bett. Niemand hatte bemerkt, daß die Stüblitür aufgegangen war. Wir drei älteren Kinder waren von dem Lärm erwacht, standen mit schreckgeweiteten Augen und schlotternden Knien in unseren kurzen Hemden auf der Schwelle und schauten dem fürchterlichen Schauspiel zu. Erst das Wimmern der Mutter löste den Krampf in unseren Körpern. Weinend umstanden wir das Bett. Wie eine Ernüchterung überkam es Vater, und er begriff plötzlich, was er angerichtet hatte. Er brachte uns zurück in die Betten. In dieser Nacht versprach er der Mutter das Blaue vom Himmel, das er aber doch nicht lange halten konnte.

Picknick

Der schönste Tag, an den ich mich erinnern kann, war ein Sonntag, wie er schöner und frischer nicht hätte sein können. Der Leiterwagen war gepackt. Ein Pfannenstiel schaute aus dem Gepäck heraus. Daneben stand ein Korb mit Suppenstangen und Brot. Zwischen all dem Kram blinzelten Danis Augen vergnügt in die Welt hinaus. Wir hatten Großes im Sinn. Vater hatte beschlossen, auf die Giebelegg zu gehen. Wir freuten uns alle sehr, kam es doch selten vor, daß Vater mit von der Partie war. Und ich durfte sogar an seiner Hand marschieren. Gegen Mittag erreichten wir unser Ziel. Mitten in einem schönen Wald, umgeben von Tannen, die wie Riesen in den Himmel ragten, rasteten wir. Die Buben sammelten Holz, und Vater entfachte gekonnt ein Feuer. Die Suppe kochte bald und verbreitete einen verführerischen Duft. Für uns Kinder war es schwer zu warten, denn unsere Mägen knurrten schon seit einiger Zeit.

Wir setzten uns auf das schöne grüne Moos, das wie ein kostbarer Teppich zu unseren Füßen lag, und verzehrten unser Mahl. Wir waren alle von dem Frieden und Glück erfüllt, der uns hier umgab. Es war so schön, den Vater einmal bei uns zu haben.

Nach dem Mittagessen verschwanden die Eltern für ein Weilchen. Uns befahlen sie zu warten. Sie ließen uns ziemlich lange allein, und ich bekam es etwas mit der Angst zu tun. Als die Eltern endlich wieder auftauchten, spielten sie zur Belohnung für unser braves Verhalten »Zigeunerlis« mit uns. In meiner regen Phantasie fühlte ich mich bald heimisch in der Rolle der Zigeunertochter. Mutter sammelte noch allerlei Heilpflanzen, die sie zu Hause dörren wollte. Wir Kinder schauten den Ameisen zu, die eifrig am Werk waren, Tannennadeln, die größer waren als sie selbst, in ihren Bau zu schleppen. Zu nahe durfte man ihnen aber nicht kommen. Dani wollte sie mit seinen Patschhändchen anfassen. Bald brach ein riesiges Geheul los, und als wir nachschauten, sahen wir, daß der Kleine überall Schwielen hatte. Die kleinen Tierchen hatten ihn tüchtig traktiert.

Kein Ach und Aber half etwas, wir mußten zusammenräumen. Wenn wir an die Nacht dachten und an die Hexe, die hier hausen sollte, war es uns sowieso nicht mehr ganz geheuer. Jedes bekam noch ein Stück Brot in die Hand, so daß das Marschieren leichter ging. Müde, aber sehr glücklich zogen wir heim. Die Eltern zogen den Leiterwagen. Auch ich durfte aufsitzen, als meine Beine nicht mehr so recht vorwärts wollten.

Alles ging gut, bis wir ins Dorf kamen, da fand unser Glück ein jähes Ende. Vor der Wirtschaft überfiel den Vater der Alkoholteufel, und er streckte der Mutter den Hausschlüssel hin. Doch sie wollte ihn nicht nehmen. Die Zornesadern standen dem

Vater auf der Stirn. »Nicht einmal ein Bierchen gönnst du mir.« Die Mutter fing an, auf den Vater einzureden. »Bitte, komm doch nach Hause, mach nicht alles wieder kaputt.« Alles Bitten und Betteln nützte nichts. Die Gier war wieder einmal größer als der Verstand. Zornig schmiß der Vater den Schlüssel in den Leiterwagen und verließ uns, ohne ein Wort zu sagen.

Mit langen Schritten hetzte die Mutter mit uns nach Hause. Reden konnte sie nicht mehr, ihre Stimme war von Tränen erstickt. Sie kochte uns noch das Abendessen, dann schlichen wir still in unsere Betten. Mit zittrigen Stimmen sprachen wir das Nachtgebet: »Lieber Gott, mach doch, daß der Vater bald nach Hause kommt.« Aber Gott hörte die Bitte nicht. Längst schliefen wir tief, als der Vater mit unsicheren Schritten den Heimweg suchte. Mutter stellte sich wie meist schlafend, damit kein neuer Krach entstand. So endete noch mancher Sonntag. Alles fing gut an, Vater kam mit zum Spazieren, aber selten mit nach Hause. Trotz allem hatten wir Vater gern.

Ausreißer

Mutter mußte nun immer häufiger in die Werkstatt. Diesen Umstand benutzte ich, um auszureißen. Ich war vier oder fünf Jahre alt, als ich das Vagabundenleben so richtig entdeckte. Es war interessant in der Nachbarschaft. Beim Krämer verweilte ich viele Stunden zwischen Regalen und unzähligen Schubladen. Oft durfte ich mich auch im Salon aufhalten. Dort gab es viele Kissen, gestrickte, gehäkelte und gestickte. Überall lagen kleine Deckchen und Porzellanfigürchen. Stundenlang ließen sie mich allein in ihrer guten Stube. Wahrscheinlich hatten sie mich vergessen. Um so besser für mich, denn mir war es nie langweilig bei so vielen Herrlichkeiten. Ich hatte zwar auch etliche Geschichten gehört über dieses Krämerhaus – der alte Krämer soll immer die Leute übers Ohr gehauen und sehr geizig gewesen sein und allerhand krumme Dinger gedreht haben. Seine Seele habe nach dem Tod keinen Frieden finden können. So habe er jede Nacht im Hause Türen zugeschlagen und sei im Laden herumgegangen. Schließlich ließ man einen Kapuziner kommen, um seinen Geist zu bannen – der ruhe nun in einer Kiste im Keller, hieß es. Seitdem hätten sie Ruhe im Haus. Diesen Keller mied ich immer, es wäre mir doch zu riskant gewesen, dem Ungeheuer zu begegnen. Auf dem Friedhof ging ich am Grab des alten Krämers immer schnell vorbei.

Auch bei unserem Hausmeister war ich oft. Er besaß einen schönen Bauernhof mitten im Dorf. Besonders gern war ich bei der Bäuerin Lisi in der Küche und half Gemüse putzen. Einmal half ich ihr, den Hühnerstall auszumisten. Ich mußte ganz zuhinterst in eine Ecke schlüpfen, denn dort hatte ein Huhn ein ganzes Nest voll Eier gelegt. Die sollte ich hervorholen. Als die Arbeit getan war, gingen wir ins Haus zurück. Ich hielt es nicht mehr lange aus. Am ganzen Körper juckte es mich. Lisi schickte mich nach Hause. Als das Kratzen nichts nützte, entschloß sich die Mutter, mich auszuziehen, um nachzusehen, was los war. Das war eine schöne Überraschung! Ich war voller Hühnerläuse. Mutter kochte Wasser und ich wurde im Waschbecken gebadet. So wurde ich das Ungeziefer wieder los. Es war nicht das letzte Mal, daß ich mit unangenehmen Gefährten nach Hause kam. Einmal kroch ich zum Hund in die Hundehütte und brachte etliche Flöhe heim.

Als ich einen schönen neuen Teddybär bekam, wollte ich ihn im Bauernhaus vorzeigen. Der älteste Sohn war gerade beim Holzfräsen, als ich mit dem Teddy anrückte. Er nahm ihn aus dem Puppenwagen heraus und wollte mich necken, indem er meinen Bären auf den Fräsentisch legte. Ungewollt kam er dem Fräsenblatt zu nahe, und mein Gespiele hatte einen schrecklichen Schlitz im Bauch. Ich getraute mich fast nicht mehr nach Hause. Nie mehr habe ich einen neuen Teddybär erhalten. Beim Bauern war auch einmal die Rede vom Heimatort. Ich wurde gefragt, ob ich wüßte, wo mein Heimatort wäre. Voller Stolz antwortete ich: »Ja, ich weiß es, in Rüeggeggers Stöckli.« Alle lachten. Immer wieder fragten sie mich, und immer wieder gab ich die gleiche Antwort.

Alle Jahre einmal arbeitete Großvater an der Straße, die an unserer Wohnung vorbeiführte. Dann hörte ich immer am Morgen eine liebe Stimme rufen: »Meieli, komm, wir wollen Znüni nehmen.« Da konnte mich niemand mehr halten. Ich lief eilig die Treppe hinunter zum Großvater. Meistens gab es Brot und Speck, dazu Kaffee aus einer Thermosflasche. Solange Großvater in der Nähe weilte, wich ich ihm nicht von der Seite. Mit ihm zusammen zu sein, war immer ein ganz besonders schönes Erlebnis.

Besonders gerne hielt ich mich auf dem Friedhof auf. Mit dem Puppenwagen machte ich mich auf den Weg und stieg den Kirchhügel hinauf. Den Bäbiwagen deponierte ich immer beim Misthaufen des Friedhofs. Anschließend wanderte ich von Grab zu Grab, um die Grabsteine zu bewundern. Scheu strich ich mit der Hand über die Engel und sonstigen

Kunstwerke, die aus Stein gemeißelt waren. Das gefiel mir so gut, daß ich mich nur schwer von alledem trennen konnte. Auf dem Mist holte ich von den alten Kränzen verblichene Wachsblumen. Das waren Kostbarkeiten für mich. Die Blumen versteckte ich im Bäbiwägeli.

Wenn ich Glück hatte, begegnete ich dem Guggerfraueli. Das wohnte über dem Sigrist und war sehr scheu. Es kam auch nie ins Dorf, sondern flüchtete vor den Menschen. Es hatte nämlich eine Glatze. Nur seitwärts am Kopf wuchsen ihm noch ein paar Härchen, die es zu einem winzigen Knötchen im Nacken zusammensteckte. Manchmal kam es vor, daß das Guggerfraueli ein paar Worte mit mir sprach. Ich fürchtete mich jedoch immer ein wenig vor diesem Hutzelweibchen in seinen langen, alten Kleidern.

Ich brauchte nur über die Straße zu gehen, schon war ich in der Schmiede. Dort hatte ich meine Freundinnen, mit denen ich spielen konnte. Auch in der Werkstatt, wo der Schmied das glühende Hufeisen auf dem Amboß zurechthämmerte, daß die Funken nur so sprühten, hielten wir Kinder uns auf. Mir taten die Pferde, die die Bauern zum Beschlagen brachten, immer leid, denn es rauchte und stank nach verbranntem Horn, wenn das heiße Eisen auf das Huf gepaßt wurde. Manche Pferde wehrten sich auch bei dieser Prozedur und schlugen aus. Das genügte uns dann, wir ergriffen die Flucht und verzogen uns ins obere Stockwerk.

Die Mädchen dort hatten viele Spielsachen, die mir gefielen. Darunter auch eine rosarote Puppenbadewanne, die ich so gerne gehabt hätte. Aber die Mädchen waren nicht zu erweichen, mir die Wanne zu schenken. Eines Abends, bevor ich wegging, versteckte ich das Spielzeug unter meinem Pullover und eilte nach Hause. Ich hatte nicht lange Freude an meiner neuen Errungenschaft, denn das schlechte Gewissen fing mich an zu quälen, und ich konnte nicht einschlafen. Immer wieder fühlte ich die Badewanne unter dem Kopfkissen, mir wurde immer elender. Von wilden Träumen geplagt, wachte ich spät am Abend wieder auf und fing an zu weinen. Mutter kam ans Bett, und endlich konnte ich mein Gewissen erleichtern. Ich beichtete ihr alles und bettelte, die Badewanne zurückbringen zu dürfen. Mutter ließ sich erweichen, da ich mich fast nicht mehr beruhigen konnte, wickelte mich in eine Decke und trug mich ins Nachbarhaus. Dort konnte ich das Spielzeug zurückgeben und mich entschuldigen. Danach fand ich dann endlich Ruhe in meinem Bett. Am nächsten Morgen hatte ich hohes Fieber und mußte ein paar Tage im Bett bleiben.

Kündigung

Der älteste Sohn unseres Hausbesitzers hatte sich verliebt. Ich sah das Liebespaar oft auf der Ofenbank sitzen und schaute ihnen zu, wie sie sich küßten. Obwohl ich mich sehr genierte, war ich fasziniert von diesen Liebesbezeugungen. Ich hatte dergleichen noch nie gesehen. Bald feierten die zwei Hochzeit. Für uns hieß es ausziehen und eine neue Wohnung suchen. Die Ereignisse überstürzten sich. Vater wurde auch noch die Werkstatt gekündigt – wegen Eigenbedarfs. Überhaupt wurde es mit ihm immer schlimmer. Er trank viel, und ein Nierenleiden machte sich immer mehr bemerkbar. Die Mutter wußte manchmal nicht, wie sie die Rechnungen bezahlen sollte. Da riet der Bruder Gottlieb dem Vater, er solle mitkommen nach Bern zu den Freimaurern, die würden ihm helfen. Erst spät in der Nacht kam er von diesem Treffen nach Hause; wir lagen alle schon in tiefem Schlaf. So kam das Gespräch erst am nächsten Tag zustande, und deshalb hörte ich auch alles mit. Vater erzählte, daß sie ihm dreimal helfen würden, dann sei »fertig«. »Was ist fertig?« Eben, dann müsse er sich das Leben nehmen. Mir wurde es furchtbar bange, ich hatte große Angst. Aber nicht nur ich, wir alle. Es kam uns grauenhaft vor. Mutter sprach auf ihn ein, daß er das nicht tun solle. Sie werde Tag und Nacht arbeiten, um das zu verhindern. Dann redete sie ihm noch zu, bei einer Vereinigung zu unterschreiben, daß er keinen Alkohol mehr trinken werde. Mutter kannte einen Mann, der das gemacht hatte, und bei dem war alles gut geworden. Vater wollte sich die Sache überlegen. Eines Tages stand auch noch der Pfarrer vor der Tür und erteilte der Mutter Ratschläge, wie sie vorgehen sollte. Am Mittag, als der Vater zum Essen kam, erzählte ich ihm, daß der Pfarrer dagewesen war. Schnell wollte er wissen, was der hier zu suchen hatte. Mutter sagte es ihm. Da fing der Vater an zu toben, wie ich ihn noch selten gesehen hatte. Es nehme ihn wunder, was der Pfaff sich da einzumischen habe, das gehe den überhaupt nichts an. Mutter wurde es angst und bange. Leider zu spät merkte ich, was ich angerichtet hatte mit meinem Geplauder. Der Vater ging schnellstens in die Beiz. Endlich brachte die Mutter dann den Vater doch noch soweit, daß er unterschreiben wollte. Doch zuerst ging er zu seiner Mutter und teilte ihr seinen Entschluß mit. Großmutter fühlte sich in ihrer Ehre verletzt und riet ihm davon ab. So blieb alles beim alten, und Vater hatte nie mehr den Mut zu unterschreiben.

Das neue Zuhause

Außerhalb des Dorfes fanden die Eltern eine Wohnung und einen geeigneten Raum für die Werkstatt. Es war nicht so einfach, arm wie wir waren. In unserem neuen Zuhause hatten wir ein großes Zimmer, das zugleich als Wohn- und Schlafraum diente und zusätzlich noch als Arbeitsraum für die Mutter. Weiter gab es zwei kleine Kammern, natürlich ohne Heizung, wo wir Kinder untergebracht wurden.

Für mich war es schlimm, aus dem Dorf wegzuziehen, wo ich meine Freunde und meine geliebten Orte hatte. Auf einen Schlag verlor ich alles, was mir so viel bedeutete. Mit einem Brüggiwagen wurden unsere wenigen Habseligkeiten ins Moos gebracht. Ich saß auf dem Gefährt zwischen den paar Möbeln, und die Tränen floßen in Strömen. Bald wurde ich abgelenkt, denn ich mußte helfen, unsere spärlichen Besitztümer ins Haus zu tragen. Im großen Zimmer hinter der Tür wurde das Ehebett aufgestellt, anschließend die Kommode mit dem Spiegel und der Waschschüssel. Beim Fenster stellte man die Strickmaschine auf, und in einer Ecke wurde der Schrank plaziert. Mitten in die Stube kamen der Tisch und die vier Stühle. In der hinteren Ecke protzte der Sitzofen, die einzige Möglichkeit zu heizen. In den beiden kleinen Kammern wurden je ein Bett und ein

Schrank untergebracht. Unser »Reichtum« war bald verteilt.

Am Abend mußten Dani und ich wieder ins gleiche Bett steigen. Ich konnte es nicht ausstehen, wenn er mich mit seinem nackten Hintern berührte, und das passierte natürlich schnell, weil wir mit unseren kurzen Taghemden ins Bett krochen. Bereits am ersten Tag entdeckte der Kleine auch schon den Brunnen und planschte ausgiebig herum. Dies blieb aber leider nicht ohne Folgen. Von da an näßte er jede Nacht das Bett; und ich bekam auch immer etliches davon ab.

Die umliegenden Häuser standen ziemlich weit voneinander entfernt, und Kinder, mit denen wir hätten spielen können, gab es auch fast keine in unserer Nähe. Der Nachbar war ein Bauer. Der hatte zwei erwachsene Söhne und Töchter. Die Mädchen arbeiteten auswärts und kamen nur über das Wochenende nach Hause. Einmal ließen sie sich ihre Zöpfe abschneiden. Der bodenständige Vater hätte ihnen den Haarschnitt nie erlaubt, und so mußten sie den ganzen Samstagabend rückwärts in der Küche herumlaufen, damit er sie nicht von hinten sah. Es fiel ihm auch nichts auf. Die Töchter machten sich zurecht und wanderten ins Dorf zum Tanz. Um Mitternacht holte der Bauer sie ab und entdeckte die Wellenköpfe. Sofort führte er sie vor das Wirtshaus und verpaßte jeder eine kräftige Ohrfeige. Dann trieb er die beiden vor sich her nach Hause. Dort begoß er sie am Brunnen mit einem Kübel Wasser.

Im Winter hatten wir es schön. Wir konnten Schlitten und Ski fahren. Mein Bruder Franz hatte mir aus einem alten Faß ein Paar Ski gezimmert, alte Schuhe ohne Sohlen wurden darauf genagelt und an den Spitzen eine Schnur befestigt zum Steuern. An einem Sonntag gingen beide Brüder weg. Das benutzte ich, um ihre Schlittschuhe auszuprobieren. Ich schlüpfte hinein, doch sie waren mir um etliche Nummern zu groß. Aber nichts konnte mich mehr aufhalten. Los ging's. Meistens stand ich neben den Schuhen. Auf einmal gab es einen Knacks, und der Absatz war ab. Oh Schreck! Langsam schlich ich heim. Unbemerkt konnte ich die Schlittschuhe in die Küche stellen. Mir war gar nicht mehr wohl bei der Geschichte. Am Abend, als Franz die Schuhe putzen wollte, kam alles ans Tageslicht. Ich bekam schreckliche Schläge und Schelte.

Die Schule

Langsam wurde es Frühling, ich war nun bereits sechs Jahre alt und mußte in die Schule. Jeden Montagmorgen war dort große Inspektion. Die Lehrerin prüfte die Ohren, die Hände und den Hals. Sogar die Strümpfe mußten wir ausziehen und die Füße zeigen. Dann kam die Kleidung an die Reihe. Schürze, Taschentuch und Hemd wurden auf Sauberkeit geprüft. Wenn irgend etwas nicht in Ordnung war, gab es Schelte und bei Wiederholung eine schlechte Note im Zeugnis – unter »Ordnung«. Zweimal im Jahr wurden wir auch noch nach Läusen untersucht. Mit einem engen Kamm wurde durch die Haare gefahren und dieser auf einem weißen Blatt ausgeklopft. Wenn ein Kind Läuse hatte, mußte es Schlimmes durchstehen. Von allen wurde es ausgelacht und gemieden. Von der Schulleitung kam dann der Befehl, Tinktur zu kaufen, um die Läuse zu bekämpfen. Die Haare wurden mit der Flüssigkeit getränkt und mit einem Kopftuch eingebunden. Am nächsten Tag mußten sie dann gewaschen werden, was sonst nur einmal im Jahr geschah. Nur den Scheitel wusch man sonst mit Waschlappen und Zeigefinger.

Eines Morgens verkündete uns die Lehrerin, daß am Nachmittag der Doktor in die Schule käme. War das eine Aufregung! Wir Mädchen mußten uns bis auf die Unterhosen ausziehen und in Reih und Glied aufstellen. Der Arzt horchte uns Brust und Rücken ab. Ich sagte ihm noch, daß ich immer Bauchschmerzen hätte. Die Mutter hatte mir aufgetragen, nach der Ursache zu fragen; sie habe mein ewiges »Geklöne« satt. Daraufhin drückte mir der Doktor ein wenig am Bauch herum. Die Lehrerin schaute zu, was ich sehr ungern hatte. Er glaubte, das Übel gefunden zu haben, und gab die Schuld meinem Hosengummi. Ich sollte Hemdhosen tragen und vor dem Essen ein paar Tropfen süßen Salpetergeist, mit Wasser verdünnt, trinken. Nach der Untersuchung wurden wir noch zu einer Kartonschachtel geführt. Diese enthielt viele bunte Zettel. Nun wurde ich aufgefordert, nach eigenem Gutdünken Farben auszuwählen. Mit Freude kam ich diesem Befehl nach. Ich wählte lauter helle Farbtöne, weil sie mir so gut gefielen. Da sah ich, wie die Lehrerin und der Doktor sich ansahen, die Mundwinkel nach unten zogen und spöttisch lächelten. Das Lächeln drückte so viel Verachtung aus, daß ich mich nicht mehr wohl fühlte und wieder einmal so richtig das Gefühl hatte, versagt zu haben. Ich schämte mich, wußte aber nicht, was ich falsch gemacht hatte. Dann kam das nächste Mädchen an diese Schachtel. Es wählte nur dunkle Farben. Dafür wurde es gelobt.

Als ich der Mutter zu Hause von den Hemdhosen erzählte, ging ein Wettern los: wie ich denn auf die

Toilette wolle, ich müsse mich ja jedesmal ganz ausziehen, oder ob sie mir einen Deckel hinten drauf nähen solle. Nach langem Hin und Her war das Thema Hemdhosen erledigt, alles blieb beim alten. Aber den süßen Salpetergeist brachte ich jeden Tag von neuem zur Sprache, den wollte ich haben, da ich immer noch unter meinen Bauchschmerzen litt. Endlich gab mir die Mutter 50 Rappen, um ihn zu kaufen. Leider hat er aber auch nicht geholfen, die wirkliche Ursache zeigte sich erst viel später.

In der Schule gab ich mir immer Mühe, weil ich auch gerne einmal ein Lob bekommen hätte. Goldene Sternchen klebte die Lehrerin denjenigen ins Heft, die ihre Arbeit gut gemacht hatten. Ich bekam nie eins und kam mir sehr minderwertig vor.

In der ersten und zweiten Klasse lernten wir lesen. Das wollte nicht in meinen Kopf hinein. Viele Stunden saß ich unter der eisernen Strickmaschine auf einem schmalen Bänkli und hängte mit weinerlicher Stimme die Buchstaben zusammen. Von Zeit zu Zeit erreichte eine strafende Hand meinen Blondschopf, und ich wurde heftig geschüttelt. Die Tränen waren dann nicht mehr aufzuhalten. Es war zuviel für mich, über meinem Kopf die Maschine, die immer die gleichen zischenden Laute von sich gab, im Lesebuch die verflixten Buchstaben, die ich nicht zusammenreimen konnte. Niemand hatte Zeit, mir das Lesen richtig beizubringen. Der Vater war ja nie zu Hause, und die größeren Brüder kümmerten sich auch nicht um mich. Ich hatte jedesmal schreckliche Angst, wenn ich in der Schule zum Vorlesen aufgerufen wurde. Es kam immer nur ein Gestotter aus meinem Mund. Ich wurde ausgescholten und von der ganzen Klasse ausgelacht.

Auf dem Schulweg hatte ich oft Streit mit meinen Kameraden. Weil ich dick war und in der Schule versagte, wurde ich auch dort ausgelacht. Selbst für meinen Vater mußte ich herhalten. Einen Säufer nannten sie ihn. Ich schämte mich wahnsinnig und wollte es nicht wahrhaben. Viele Jahre lang wünschte ich mir: »Wenn doch der Vater nur zu Hause wäre!« Ich hätte ihn auch gerne gesehen, wenn ich ins Bett ging. Aber selten kam es vor, daß er zum Nachtessen daheim war. Der ganze Druck lastete auf Mutter und übertrug sich auf uns Kinder. Oft mußten wir dafür büßen, daß Vater nicht nach Hause kam. Ewig war kein Geld da. Alles hatte er vertrunken.

Die gleiche Lehrerin, die uns Schule gab, unterrichtete uns auch in Handarbeiten. Beim Nähen kam ich gut voran, aber beim Stricken hatte ich Mühe. Ich war total ungeübt. Da die Mutter eine Strickmaschine besaß, mußte ich mehr beim Kochen helfen. Das brachte mir bei der Lehrerin natürlich auch keine Punkte ein. Ich mußte oft nachsitzen – und war dann alleine auf dem Nachhauseweg.

Wir wohnten eine halbe Stunde außerhalb des Dorfes. Der Weg war lang, aber mir machte das nichts aus. Ich entdeckte immer wieder neue schöne Sachen. Der Bach hatte es mir sehr angetan. Es war interessant, was dort alles hüpfte, schwamm und blühte. Im Frühling fand ich dort Mehlprimeln und Frühlingsenziane. Wie waren die wunderschön in ihren Farben! Sie leuchteten prächtig auf dem grünen Moosboden. Schlüsselblumen und Zitröseli, alle Blumen hatten eine solche Leuchtkraft, daß mein Herz höher schlug. Ich mußte mich zu ihnen auf den Boden setzen, sie bewundern und streicheln und einige mitnehmen. Die Blumen ließen mich alles vergessen, das Zuhause und die verhaßte Schule. Daheim angekommen, erwachte ich aus meinem süßen Traum. Einmal war ich auch wieder etwas spät dran, die Blumen hatten es mir wieder einmal angetan, da tönte mir eine scharfe Stimme entgegen: »Rosi, wo bist Du so lange gewesen? Wie Du wieder ausschaust, die Schürze verschmutzt, der Rock ganz naß. Du elendes Lumpenmeitli, du Räuberhauptmann.« Dann prasselten ein paar Schläge auf meinen Buckel. Die Mutter, bleich vor Zorn, holte einen Kartoffelsack. Sie schnitt mit der Schere drei Löcher hinein und holte noch ein Garbenseil. Zusammen mit meinem ältesten Bruder zog sie mir den Rock aus und stülpte mir den Sack über den Kopf. Ich schrie und zappelte, aber sie waren stärker. Der Sack hing an meinem Körper. Dann wurde mir das Garbenseil um den Bauch gebunden, und ich flog zur Tür hinaus, begleitet von den Worten: »So, jetzt kannst du räubern gehen, du Luder.« Die Türe wurde hinter mir abgeschlossen. Ich schrie, was ich aus der Kehle brachte, ich hängte mich an die Türfalle, aber nichts half. Als das Toben nachließ, versuchte ich es mit Betteln. Auch das nutzte nichts! Nach langer Zeit packte mich plötzlich von hinten eine Hand. Es war der Vater, der mir wie ein Engel vorkam. Er fragte mich, was los sei. Ich war nicht imstande, ihm zu antworten. Da klopfte er an die Tür und begehrte Einlaß. In der Küche zog er mir den Sack aus und stopfte ihn in den Kochherd ins Feuer. Er schimpfte mit der Mutter. Das war Balsam für mich. Ich bekam das Gefühl, doch nicht ganz allein auf der Welt zu sein. Die Schmach mit dem Sack war doch zu groß gewesen.

Die Mutter wollte es mir verleiden, wieder an den Bach zu gehen. Tatsächlich ging es nicht lange, bis die Brüder mit ihr zusammen einen Plan ausgeheckt hatten. Beim Bach hätte es Wasserschlangen, sagten sie. Die würden mich hinunterziehen und auffressen. Vor nichts hatte ich größere Angst als vor Schlangen. In Zukunft schaute ich den Bach nur noch von weitem an. Nichts konnte mich mehr hinlocken. Schade um die schönen Blumen, die dort blühten.

Im Winter war der Schulweg sehr beschwerlich, weil viel Schnee lag. Am Morgen wurden die Schuhe mit Fischfett über dem Feuer eingeölt. Die Brüder banden noch Wadenbinden um die Beine. Dann ging es los, der Größte zuvorderst, die Kleineren mußten in die Fußstapfen der Größeren treten. Das war manchmal schwierig, weil die Beine zu kurz waren. Ein paar Schritte vom Haus weg konnte man ein herrliches Bild sehen: Wenn in der Stube das Licht brannte und die gelben Vorhänge zugezogen waren, ergab das eine märchenhafte Stimmung. Die verschneiten Bäume vor dem Haus und das gelbe Licht, das durch die Dunkelheit schimmerte – da mußte ich immer stehenbleiben und die Schönheit in mich aufnehmen. Dadurch verpaßte ich aber den Anschluß an meine Brüder. Sie mußten auf mich warten, was mir natürlich wieder einen Schlag eintrug. Ich kam in die Wirklichkeit zurück und stapfte weiter durch den tiefen Schnee. In der Schule angekommen, mußten wir Hausschuhe anziehen. Auch die Strümpfe hätten wir wechseln sollen, die waren auch ganz naß. An den Oberschenkeln hatte ich einen Streifen, ganz blau und erfroren, dort, wo die Unterhose und die Strümpfe zusammenstießen.

Vreneli

Vater war nun immer öfters krank, und die Mutter erwartete ihr fünftes Kind. Eines Morgens war es soweit. Als ich aufwachte, merkte ich sofort, daß etwas nicht stimmte. Da war eine fremde Stimme und ein Betrieb im Haus. Ich wagte fast nicht aufzustehen. Vorsichtig steckte ich meine Nase durch den Türschlitz und hörte aus der Wiege ein klägliches Stimmchen. Nun hatte mich die Hebamme entdeckt und führte mich an der Hand zur Wiege, wo ich mein Schwesterchen bewundern konnte. Schwarze Härchen auf dem Kopf und winzige Händchen hatte es. Ich konnte es fast nicht glauben, daß ich jetzt auch eine Schwester hatte. Franz wollte sich das Kind nicht anschauen. Er schämte sich fürchterlich, daß die Mutter noch ein Kind bekommen hatte.

Mit der kleinen Schwester kamen auch die Pflichten. Neben der Schule mußte ich noch das Vreneli hüten. Das Kind war oft krank und weinte viel. Sicher hatte es auch nicht die richtige Nahrung, denn das Elend wurde bei uns jeden Tag größer. Mutter mußte mit Stricken immer dazuverdienen. Sie hatte einen Garten, ein Stück Ackerland, wo sie Gemüse pflanzte, fünf Kinder, einen kranken Mann und kein Geld. Mit Vater ging es mehr und mehr bergab. Manchmal mußte er wochenlang im Bett bleiben. Mein ältester Bruder Franz mußte ihn neben der Schule in der Werkstatt vertreten. Zum Glück war er schon ganz geschickt und konnte Dachkännel anfertigen und reparieren.

Mobilmachung

Am 1. September 1939 war Markt im Dorf. Das war ein Ereignis für groß und klein. Beim Billigen Jakob war es immer sehr lustig. Was der alles verschenkte! An einem anderen Stand konnte man alles für 50 Rappen kaufen. Wenn ich doch nur Geld gehabt hätte, um etwas von diesen Herrlichkeiten zu erstehen! Seit Vater krank war, konnten wir nicht mehr in die Werkstatt, um bei ihm um Geld zu betteln.

Auf einmal ging ein Raunen durch die Menge. Immer wieder hörte ich die Worte »Mobilmachung« – »Krieg«. So schnell wie möglich rannte ich nach Hause.

Dort waren auch schon alle in heller Aufregung. Vater mußte aus dem Bett und die Militärkleider anziehen. Die Schuhe paßten nicht mehr, da seine Beine von der Krankheit so geschwollen waren. Mutter mußte Vater stützen, er konnte sich nicht mehr alleine auf den Beinen halten. Franz packte ihm den Tornister auf den Rücken. Mutter war in großer Sorge: »Um Gottes willen, so kannst du doch nicht gehen.« »Ich muß aber«, sagte Vater. Wir alle hatten Angst, und Mutter weinte bittere Tränen. Nur Franz lachte und sagte: »Der kommt bald wieder, ihr werdet sehen.« Gestützt von Franz wankte der Vater dem Dorf zu.

Ab sofort konnte man in den Geschäften nichts mehr kaufen. Ich mußte unbedingt noch Waschmittel haben. Die Krämerin hatte Mitleid mit mir und gab mir welches, aber ich mußte zur Hintertür hinaus und ihr versprechen, keinen Ton darüber verlauten zu lassen. Jetzt sollte man vom Notvorrat zehren. Wir hatten keinen, außer Gemüse und Kartoffeln, schon lange lebten wir von der Hand in den Mund.

Es kam, wie es Franz vorausgesagt hatte. In der Untersuchungskommission sahen sie sofort, daß man Vater nicht gebrauchen konnte. Am darauffolgenden Tag war er wieder zu Hause. Mutter half ihm beim Ausziehen und steckte ihn mit Wärmflaschen ins Bett. Vor Erschöpfung schlief er bald ein. Von da an konnte er das Bett nur noch selten verlassen.

Seelennot

In der Schule wurden alle Kinder gegen Pocken geimpft. Der Doktor saß im Gang, und mit Hilfe der Lehrerin erhielten wir zwei Kratzer in den Oberarm. Nach ein paar Tagen bekam ich hohes Fieber, und ich durfte zum Vater ins Bett kriechen. Das war eine schöne Zeit, als ich so nahe bei ihm sein konnte. Ich liebte ihn sehr und spürte, daß auch er mich lieb hatte. Von den anderen wurde ich meistens ausgeschimpft und bekam Schläge. Manchmal hatte ich blaue Oberarme von den Boxhieben, die mir die zwei älteren Brüder austeilten.

Ich war ein Mädchen von erst neun Jahren und ständig überfordert. Ich galt ewig als faul. Das Geschirr mußte immer ich abwaschen und die Küche aufräumen, zugleich noch das Vreneli hüten. Wenn ich am Nachmittag Schule hatte, so blieb mir keine Zeit, diese Arbeiten zu verrichten. Dann stand der ganze Berg noch da, wenn ich nach Hause kam. Zuerst mußte ich ein Feuer entfachen, um heißes Wasser zu kochen. Abgewaschen wurde auf dem Küchentisch in einem Becken. Regelmäßig verschüttete ich einen Teil des Wassers auf den Boden und mußte nachher noch diese Pfütze aufwischen. Nur am Sonntag hatte ich frei, da mußten die zwei älteren Brüder diese Arbeit verrichten. Aber meistens war am Abend das ganze Geschirr noch auf dem Tisch, denn die beiden waren mit ihrer Dampfmaschine beschäftigt und vergaßen alles rundherum. Das sei sowieso keine Arbeit für sie, abwaschen sei Weiberarbeit. »Die Rosi ist so ein faules Luder, die soll das machen«, und ich bekam wieder ein paar Hiebe von rechts und links. Ich konnte die Angst, Not und Pein nur loswerden, wenn ich sie hinausschrie. Verstanden hat mich niemand, wenn mir die Last zu groß wurde. Wenn ich mich bei der Mutter beklagen wollte, nahm sie immer die Brüder in Schutz.

Johann konnte man ärgern, wenn man ihm bei Tisch nicht den Löffel gab, den er als den seinigen bezeichnete. Weil er mich immer wieder verdrosch, wollte ich ihm diesen Löffel einmal vorenthalten. Da gab es wieder Streit, und wir mußten zur Strafe mit dem gleichen Löffel essen. Mir machte es nicht viel aus, aber Johann spie Gift und Galle.

Vater hatte eine Schulkameradin, die ihn von Zeit zu Zeit besuchte. Sie hieß Gite und war eine wohlhabende Bäuerin. Wenn sie kam, kommandierte sie mich ständig herum: »Du solltest dich bewegen, sonst wirst du viel zu dick. Du könntest aufräumen oder auch dies und das tun.« Immer wenn sie im Anzug war, versteckte ich mich, bis sie wieder fort war. Ich hörte schon, wie sie wetterte und fragte, wo Rosi, das faule Mädchen, sei. Mir kam es vor, als wenn sie nur gekommen wäre, um ihre schmutzigen Schuhe an mir abzuputzen.

Plötzlich bekam ich an den Oberschenkeln immer wieder Eissen. Das tat besonders beim Laufen furchtbar weh. Die Mutter riet mir, es dem Doktor zu zeigen, wenn er nach dem Vater schaute, aber die Geschichte mit den farbigen Zetteln war noch nicht vergessen. So verkroch ich mich jedesmal, wenn ich das Auto des Arztes näherkommen hörte. Vor unserem Haus floß ein Bächlein, über das eine kleine Brücke führte. Dort konnte ich mich jeweils gut verstecken, um ihm aus dem Weg zu gehen. Die Eissen behandelte ich selber, indem ich einfach immer wieder den Eiter und das Blut ausdrückte. Natürlich hieß es wieder, wie blöd und unmöglich ich sei, aber ich fürchtete mich vor dem Doktor und hatte kein Zutrauen mehr zu ihm.

Meine Röcke und Schürzen wurden immer aus alten Kleidern der Mutter genäht und waren so von Anfang an schon fadenscheinig. Trotzdem gab es immer wieder Streit, weil etwas an meinen Kleidern zerrissen war. Einmal verdrosch die Mutter mich auch wieder mit dem Teppichklopfer. Mein Bruder Franz schaute zu. Ich schrie: »Schlagt mich doch zu Tode.« Da packte die Mutter der Zorn von neuem, und sie befahl Franz: »Jetzt gib es ihr.« Nur einen Wunsch hatte ich – sterben, sterben. Wie schon so viele Male wurde mir wieder einmal mit der Anstalt gedroht, daß ich dort eingeschlossen und erzogen würde. Wahnsinnige Angst überkam mich immer bei dieser Drohung. Das war sicher noch viel schlimmer als zu Hause. Wir hatten im Dorf eine Armenanstalt, dort war ich schon gewesen. Es war schrecklich: Im Hof saßen Frauen und Männer auf langen Bänken. Sie schauten mich mit leerem Blick an und ließen mich nicht mehr aus den Augen. Ein paar schlurften herum und gaben Laute von sich, die niemand verstand. Manche brüllten und wollten mich anfassen. Einer der Insassen, der öfter ins Dorf kam, wusch sich bei jedem Brunnen die Hände. Man sagte, daß er seinen Bruder ermordet hatte und nun das Blut abwaschen wollte. Es gab unzählige solcher Gestalten in der Anstalt. Und in so eine wollten sie mich bringen. Die seelische Not hatte kein Ende! Ich sann auf Rache. Am Nachmittag versteckte ich mich mit Dani im Schopf hinter Karren und Jauchefaß. Als die Mutter sich näherte, befahl ich ihm, »Saumore« zu rufen. Dani hatte immer sehr viele Vorrechte bei Mutter, und da dachte ich mir, daß es ihr von ihm nicht soviel ausmachen würde. Aber oha lätz! Sie holte sich den Kleinen und verdrosch ihn. Ich ging für einmal leer aus.

Eines Abends war ich beim Abwaschen. Es war schon dunkel. Plötzlich entglitt mir ein Teller und zerbrach auf dem Zementboden in viele Stücke. Eine schlimme Sache. Die Mutter hörte das Klirren und schalt mich aus. Weinend lief ich vor das Haus. Dort war eine kleine Grube, in die man das Gerümpel schmiß. Dorthin trug ich meine Scherben. Im Dunkeln stieg ich über die verschiedensten Utensilien, da geschah es: Ein Eisendraht wickelte sich um mein Bein. In meiner Angst vor Schlangen glaubte ich, es hätte sich eine solche an mein Bein gewagt. Ein Schrei löste sich aus meiner Kehle. Ich sank zu Boden. Im Haus hörten sie mich. Franz und Mutter kamen, um nachzusehen, was los war. Ich konnte nicht sprechen und mich nicht von der Stelle rühren. Sie befreiten mich vom Draht; ich sollte gehen, aber es ging nicht. Ich war völlig steif, und sie mußten mich ins Haus tragen. In der Ofenecke setzten sie mich ab. Dort blieb ich zwei Tage und zwei Nächte, stur vor mich hinstarrend, ohne Schlaf und ohne zu essen. Niemand durfte mich anfassen, sonst lief ein Zittern durch meinen Körper, daß es allen angst und bange wurde. Am dritten Abend endlich löste sich der schwere Schock, und ich schlief ein. Einen Tag lang durfte ich zu Vater ins Bett, seine Wärme tat mir gut, ich fühlte mich geborgen.

Immer wieder überlegte ich mir, warum mich niemand liebhatte. Alle Anstrengungen, lieb zu sein, schlugen fehl. Nie bekam ich von jemandem einen Kuß oder eine Liebkosung. Ich begriff nicht, warum alles so war. Ich glaubte heimlich, daß ich wahrscheinlich gar kein leibliches Kind war, sondern ein

Findelkind, bestimmt von Zigeunern abstammend. Zu denen fühlte ich mich besonders hingezogen.

Am Dorfrand gab es von Zeit zu Zeit fahrende Leute. Manchmal ging ich noch gegen Abend ins Dorf, um bei den Zigeunern vorbeizuschauen. Da hörte ich sie Geige spielen und singen. Langsam schlich ich zu den Wagen, angezogen von der Musik und den dunkelhäutigen Menschen mit den schwarzen Haaren, die etwas Wildes an sich hatten. Selbst die Furcht vor den fremden Menschen konnte mich nicht zurückhalten. Einmal nahm eine junge Zigeunerin mich mit in ihren Wagen: Ein allerliebstes Kind lag dort im Körbchen. Überall roch es nach Moder. Die Zigeunerin hatte den Geruch von Lagerfeuer an sich haften, denn gekocht wurde im Freien. Die Fahrenden schliffen Scheren, flickten Schirme und flochten Körbe. Von den Dorfbewohnern wurden sie geächtet und gefürchtet. Niemand traute sich, ihnen ein Leid anzutun. Alle hatten Angst, die Zigeuner würden ihnen das Haus anzünden. Aber mich reizte das Geheimnisvolle. Zu mir waren sie freundlich. Viele Male holte ich ihnen die Milch. Am liebsten wäre ich mit ihnen weitergezogen. Meistens aber gingen sie mit dem Wagen und dem alten Pferd über Nacht fort. Nur das modernde Lagerfeuer blieb zurück. Es roch immer noch ein wenig nach den Zigeunern.

Tod

Wieder einmal war es Winter geworden. Wir Kinder freuten uns am Schnee. Am Sonntag konnten wir Schlitten fahren und mit unseren alten Skiern den Hügel hinuntersausen. Das genoß ich immer sehr, ich war frei und konnte mich austoben – zu Hause ruhte eine schwere Last auf meinen Schultern. Vater war sehr krank und konnte das Bett kaum mehr verlassen. Mutter hatte alle Hände voll zu tun. Überall war es schmutzig. Die ungebügelte Wäsche häufte sich zu Bergen. Wir hatten kaum noch etwas Sauberes oder Ganzes zum Anziehen.

Einmal erhielt Vater Besuch von seinem Bruder Gottlieb, dem er so viel Geld in die Wirtschaft getragen hatte. Ein Fläschli Mineralwasser brachte er ihm mit. Er war richtig dick geworden. Seinen Bauch mußte er beim Velofahren auf der Stange auflegen. Der Onkel hatte auch eine schlimme Angewohnheit: Nach dem Mittagessen stellte er sich vor das Haus und rülpste, daß man es in der ganzen Umgebung hören konnte. So wußten alle, wie wohl er gespeist hatte.

Immer öfters kam es vor, daß Franz in der Nacht den Doktor holen mußte. Vaters Nieren wollten nicht mehr arbeiten. Seine Beine waren dick geschwollen, der Körper und das Gesicht waren aufgeschwemmt. Mutter mußte für Vater Diät kochen, alles ohne Salz. Trotzdem wurde es von Tag zu Tag schlimmer mit ihm. Eines Tages erkannte er niemanden mehr. Franz saß auf der Ofenbank. Da befahl ihm der Vater, in den Stutz zu gehen und ihm ein neues Bein zu holen. Franz rührte sich nicht vom Fleck. Da wurde Vater sehr wütend. Franz verließ dann, auf Mutters Rat hin, das Zimmer. Vater beruhigte sich und schlief ein.

Dumpf hallten die zwölf Glockenschläge durch die kalte Februarnacht. Die Mutter hetzte mit bloßen Füßen der nahen Kammer zu. Mit zittrigen Händen suchte sie den Lichtschalter am Türpfosten. Verzweifelt rüttelte sie an den Schultern ihres ältesten Sohnes. »Franz, Franz, wach auf, so hör doch, wach endlich auf. Du mußt schnell den Doktor holen, Vater redet irre.« Vater tobte, fluchte und weinte, er schrie nach Alkohol und bettelte um Gnade. Mutter eilte mit ihrem weißen, verwaschenen Nachthemd wieder in die Stube zurück. Schweren Herzens schickte sie Franz in die eisigkalte Nacht hinaus. Unter den Schuhen knarrte der Schnee. Tapfer ging mein Bruder den weiten und einsamen Weg bis ins Dorf. Nach einer halben Stunde kam er beim Doktor an. Mit halberfrorenen Fingern griff er nach der Zugglocke und läutete Sturm. Die Angst um Vater saß ihm im Nacken. Endlich öffnete sich im oberen Stockwerk ein Fenster. Die Haushälterin rief mit zorniger Stimme, wer denn da närrisch geworden sei. Als sie den Jungen sah, wurde sie freundlicher. Franz rief ihr zu, der Doktor solle kommen, der Vater liege im Sterben. Sie versprach, den Doktor zu wecken, und Franz machte sich auf den Heimweg. Die Angst trieb ihn nach Hause. Die eiskalte Bise heulte ihm um die Ohren. Als er endlich daheim ankam, stand das Auto des Arztes schon vor der Tür. Mit tränenden Augen kam er in die Küche. Mutter gab ihm ein Becken mit kaltem Wasser, um seine halberfrorenen Glieder langsam aufzuwärmen. Da sah ich meinen Bruder zum ersten Mal vor Schmerzen weinen. Der Vater lag mit Fieber im Bett. Sein Atem ging nur noch stoßweise; seine Lippen formten unverständliche Worte. Mit ernstem Gesicht blickte der Doktor auf den Kranken. Nun mußte er der Mutter gestehen, daß es zu Ende gehe mit Vater. »Nein, das darf nicht sein. Können Sie ihm nicht helfen, Herr Doktor?« Voller Verzweiflung schrie sie: »Helft ihm doch! Gibt es denn kein Mittel für ihn?« Der Doktor schaute zur Mutter und sagte, er habe eine neue Spritze, die eventuell helfen würde, aber die könne er ihm nicht geben, weil wir dieses Medikament nie bezahlen könnten. Da war sie wieder, die Armut. Nur eine Beruhigungsspritze erhielt der Vater. Als der Doktor gegangen war und der Kranke stiller wurde und einschlief, legte sich die Mutter ein wenig neben Vater aufs Bett.

Am nächsten Morgen, als ich in die kalte Stube kam, spürte ich sofort, daß etwas nicht mehr stimmte. Der Vater war so beängstigend still. Über mich kam eine fürchterliche Angst. Mit einem Aufschrei eilte ich zur Mutter. Sie war nicht ansprechbar. In Tränen aufgelöst saß sie neben dem Toten. »Mutter, so sag doch etwas.« Aber kein Wort kam über ihre Lippen. Der Anblick von Vaters wächsernem Gesicht war furchtbar. Ich lief in die Kammer, um die Brüder zu holen. Beide kamen sofort. Hilflos standen wir ums Bett herum. Am Fußende stand das Bettchen mit dem kleinen Vreneli. Mutter erzählte uns später, daß nach dem Tod mit Vater noch etwas geschehen war, das sich angehört hatte, wie wenn ein Holzschuh aus dem Sumpf gezogen wird. Mutter glaubte immer, daß in diesem Moment die Seele von Vater gegangen war.

Mutter schickte Franz ins Dorf, zum Onkel in die Wirtschaft. Jemand mußte ihr beistehen, um das Begräbnis zu regeln. Johann holte die Großmutter. Auch der Schreiner kam, um den Toten zu messen und den Sarg anzufertigen. Das Stübli von Dani und mir wurde zur Aufbahrung hergerichtet. Ich mußte zur Tante. Sie wollte mir Trauerkleidung machen lassen. Nur jetzt niemandem begegnen, waren meine Gedanken, nur keine Fragen nach dem Vater. Der Hals war mir wie zugeschnürt. Leider kam ich nicht weiter als bis zum Nachbarhaus. Dort wurde ich aufgehalten. Man fragte mich nach Vater und warum ich nicht in der Schule sei. Nur ein Wort brachte ich über meine Lippen: »Gestorben.« Dann raste ich los, die Augen blind vor Tränen. Ich wollte so schnell wie möglich zur Tante. Ich nahm mir keine Zeit, um anzuklopfen, trat einfach in die Küche. Etwas später gingen wir in den Tuchladen, um Stoff zu kaufen. Die Krämerin fragte: »Rosi, welcher Stoff gefällt dir am besten?« Ich zeigte auf den schwarzen mit den kleinen weißen Blümchen. Unterdessen griff die Tante nach den Zetteln mit den Preisen. Sie verglich, und damit war der Kauf auch schon entschieden. Ich bekam den unischwarzen, der war am billigsten. Nun machten wir uns auf den Weg zur Schneiderin. Sie war eine alte griesgrämige Jungfer, aber sie nähte sehr günstig. Linkisch stand ich in der kleinen Stube mit den niedrigen Fenstern und wartete. Bald waren sich die beiden Frauen über den Preis einig; es wurde Maß genommen. Die Tante bemerkte mit spöttischer Stimme, ob das Meßband wohl lang genug sei. »Ja, Rosi, wenn du dünner wärest, hätte der Stoff sicher für zwei Schürzen gereicht. Nun bekommst du nur eine.« Mich traf es wieder einmal tief. Überall mußte ich hören, wie dick ich sei. Ich schämte mich doch so sehr, aber ich konnte es auch nicht ändern. Endlich war die Prozedur überstanden, und ich durfte wieder heim.

Bei uns zu Hause herrschte ein reges Kommen und Gehen der verschiedensten Leute. Menschen, die ich noch nie gesehen hatte, gingen bei uns ein und aus. Sogar der Gemeindeschreiber kam und fragte, ob wir etwas zu versiegeln hätten, zum Beispiel Wertsachen. Das war ja zum Lachen, wenn es nicht so traurig gewesen wäre. Auch der Herr Pfarrer kam und sparte nicht mit frommen Sprüchen. Wie sollten sie uns trösten? Wir verstanden sie nicht.

In dieser Nacht schlüpfte Mutter zu Dani und mir ins Bett. Ich mußte mit dem Kopf am Fußende liegen, damit wir Platz hatten. Der Vater lag noch im Ehebett. In der folgenden Nacht schliefen wir zu dritt im Totenbett, das nur frisch bezogen worden war. Der Schreiner polsterte den Sarg mit Sägespänen, weil der Leichnam voll Wasser war und hätte rinnen können. Dann wurde der Sarg auf zwei Stühlen ins Stübli gestellt. Immer wieder schlich ich mich zum toten Vater. Mit meiner Hand strich ich über sein bleiches Gesicht, das sehr freundlich aussah und nichts Beängstigendes an sich hatte. Ich holte auch den Kamm und kämmte die schönen schwarzen Haare. Mutter schnitt ihm eine kleine Locke ab, zum Andenken. Der Vater gefiel mir gut in seinem langen weißen Totenhemd. Warum sie ihm aber die letzten ganzen Socken angezogen hatten, die wir besaßen, konnte ich nicht begreifen.

Tote hatten doch sicher nicht mehr kalt. Ich konnte niemanden fragen nach dem Warum. So rückte der Tag der Beerdigung immer näher. Der schwarze Leichenwagen stand vor dem Haus. Der Schreiner kam ins Stübli und schloß den Sargdeckel zu. Mir machte dies fürchterlich angst. Man durfte doch den Vater nicht so einschließen. Ich konnte kaum noch atmen, wenn ich mir die Enge vorstellte. Ich wollte dem Schreiner sagen, er solle doch den Sarg wieder öffnen. Aber ich brachte kein Wort über meine Lippen. Ungeachtet meiner Gefühle wurde Schraube um Schraube angezogen. Wir Kinder weinten, aber niemand nahm sich unser an.

Vier Männer kamen in die Stube. Mit ernsten Gesichtern trugen sie den Sarg vors Haus. Dann trat der Pfarrer hinzu und las aus der Bibel und betete. Der Sarg kam auf den gräßlichen, schwarzen Leichenwagen und wurde festgeschraubt. Langsam setzte sich das Pferd in Bewegung. Mutter schritt mit uns Kindern direkt hinter dem Fuhrwerk, die übrigen Leute folgten uns nach. Die Tante drückte mir unterwegs noch ein Sträußlein Schneeglöckchen in die Hand, mit dem ich nichts anzufangen wußte. Auch ein paar Dienstkameraden in Uniform schritten im Zug mit. Ich hatte, von den zurückgehaltenen Tränen, ein schlimmes Würgen im Hals. Auf dem weiten Weg schaute ich immer wieder zu den drei armseligen Kränzen hinauf. Zwei hatten

Palmzweige und unten ein paar Wachsblumen, die ständig hin und her wackelten. Ich ließ kein Auge vom Sarg. Ich meinte, Vater müßte doch an den Dekkel klopfen. Aber nichts geschah.

Als wir beim Friedhof ankamen, fingen die Glokken an zu läuten. Vor Kälte schlotternd stand ich mit meiner dünnen schwarzen Ärmelschürze im Schnee, vor mir das grausige, kahle, schwarze Loch. Der Sarg wurde auf zwei Seile gelegt, und schon baumelte er über dem schrecklichen Abgrund. Das war zuviel für mich, das konnte ich nicht mehr ertragen: »Nein, nein, nein...« Da legte sich eine große Hand auf meinen Mund, ich konnte mich nicht wehren und mußte alles geschehen lassen. Ich sah, wie der Sarg versank. Vor Angst und Qual war ich halb wahnsinnig. Immer noch hielt ich die Schneeglöcklein in meiner Hand. Mich beherrschte nur ein Gedanke: Vater ist nicht mehr da. Irgendwie ging ich mit den anderen ins Kirchlein zur Abdankung. Ich verstand kein Wort, mein ganzes Denken beschäftigte sich nur mit dem schwarzen Loch. Nach der Predigt suchten wir noch einmal das Grab auf. Es war zugeschüttet, und alles war vorbei. Der Onkel lud uns hinterher zum Leichenschmaus in seine Wirtschaft ein. Für mich war die ganze Esserei unverständlich. Doch es kam noch schlimmer. Als die Leute gegessen und getrunken hatten, wurden sie redselig. Sogar gelacht wurde im Raum. Ich war traurig und wäre am liebsten nach Hause gegangen.

Endlich ging Mutter mit uns heim. Unterwegs holten wir noch das Vreneli bei den Nachbarn ab.

Am darauffolgenden Sonntag ging die Mutter mit uns Kindern in die Kirche und anschließend zum Grab des Vaters. Alles durchlebte ich noch einmal und weinte bittere Tränen. Am Montag nach der Beerdigung mußte ich wieder in die Schule. Die Lehrerin war für einmal sogar sehr nett zu mir. Sie erklärte meinen Schulkameraden, daß ich nun keinen Vater mehr hätte und daß sie lieb zu mir sein sollten. Sie sammelte Geld für uns, und ich durfte das Geld der Mutter heimbringen.

Bald war das Zureden der Lehrerin vergessen, und ich spürte, wie es ist, keinen Vater mehr zu haben. Es spielte keine Rolle, was für einen Vater man hatte, es konnte der dümmste sein. Nur vorhanden sein mußte er, wenn man etwas gelten wollte. In der Schule hatten wir ein Mädchen, ein Einzelkind, das immer schön angezogen war. Dem machte es Spaß, mich zu quälen. Bei jeder Gelegenheit zog es mich an den Haaren, gab mir Fußtritte und lachte mich aus. Wenn ich die Schuhe wechseln mußte, wartete ich immer, bis Marte im Schulzimmer verschwunden war. Sie durfte die Löcher und die geflickten Stellen in meinen Strümpfen nicht sehen, sonst wäre ich wieder zum Gespött der ganzen Klasse geworden. Sie ließ mich nie in Ruhe, immer stellte sie mir nach. Einmal fiel sie mich von hinten an und stieß mich, so daß ich stürzte und mir den linken Arm brach. Bis zum Mittagessen saß ich mit Schmerzen in der Schulbank und getraute mich nicht, etwas zu sagen. Auf dem Nachhauseweg schmerzte jeder Schritt. Am Nachmittag schwoll der Arm an. Mutter machte mir Essigumschläge. Alles nützte nichts. Gegen Abend schickte sie mich dann zum Arzt. Doch der war nicht zu Hause; ich hatte den ganzen Weg umsonst gemacht. Erst am nächsten Tag wurde der Arm behandelt.

Mutter hatte einmal eine »Heftliversicherung« abgeschlossen. Die kam uns jetzt zugute, nach acht Tagen wurde uns ein kleiner Betrag ausbezahlt. Die Schule, die die Arztkosten zunächst übernommen hatte, forderte diesen Betrag nun wieder zurück. Da wehrte sich die Mutter für einmal. Sie schrieb der Schule, sie habe dieses Geld dringend nötig, da ich ihr nicht mehr zur Hand gehen könne. Nach langer Zeit erhielt sie Bescheid, die Sache sei in Ordnung. Immer wieder war Mutter genötigt, sich zu wehren, damit wir wenigstens das Allernötigste zum Leben hatten. Ich jedoch mußte alles über mich ergehen lassen. Mutter hatte Angst, daß wir verdingt würden, wenn wir uns irgend etwas zuschulden kommen ließen.

Das Leben geht weiter

Trotz allem wurde es Frühling. Franz sollte konfirmiert werden. Der große Tag rückte immer näher. Eines Tages stattete uns sogar der Herr Pfarrer einen Besuch ab. Er fragte die Mutter, was Franz am dringendsten benötige. Zwei neue Überkleider für die Lehrstelle mußte er unbedingt haben. Der Pfarrer versprach der Mutter, diese aus dem Konfirmandenfonds zu finanzieren. Bei dieser Gelegenheit machte der Pfarrer der Mutter noch Vorwürfe, weil sie so selten in die Kirche ging. Der Mensch lebe nicht vom Brot allein. Doch Mutter wußte besser, wo ihr Platz war. Sie mußte zu uns Kindern schauen und den ganzen Tag über arbeiten, damit wir wenigstens das Nötigste zum Überleben hatten. Sie hatte keine Zeit, um ins Dorf zu gehen. Auch wollte sie das Vreneli nicht alleine lassen, es war ja noch so klein. Dies alles sagte sie dem Pfarrer, worauf dieser nur antwortete: »Gute Frau, Ihre Kinder stehen in Gottes Hand, wenn er nicht will, geschieht ihnen nichts.«

Als Franz dann die Überkleider abholen wollte, war nur ein Paar bezahlt. Mutter verzweifelte fast, doch irgendwie schaffte sie es trotzdem wieder, das Geld zusammenzukratzen.

Am Palmsonntag mußte Mutter alleine mit Franz zur Konfirmationsfeier. Es war ein trauriger

Tag. Im »Sämann«, dem Monatsheft der bernischen Landeskirche, waren Franz als Konfirmand und Vater als Sterbefall aufgeführt.

Am Ostermontag verließ uns Franz. Er ging nach Lyss in die Spenglerlehre. Großmutter holte den Johannes ab. Sie wollte von jetzt an für ihn sorgen. Auch für Dani begann ein neues Leben, er mußte nämlich in die Schule. Ich war mittlerweile neun Jahre alt und wechselte in die Mittelschule. Einen neuen Lehrer sollte ich bekommen. Er war als sehr streng verschrien; ich hatte Angst. Aber die Leute hatten vergessen zu erzählen, daß er auch sehr korrekt war. Für mich wurde er der liebste Lehrer. Er schlug mich in den zwei Jahren kein einziges Mal. Auch nahm er sich die Mühe, mir alles zu erklären, wenn ich etwas nicht verstanden hatte. Die Singstunde gefiel mir ganz besonders. Der Lehrer konnte gut Geige spielen und begleitete uns zu unseren Liedern. Sobald er das Instrument aus dem Kasten nahm, war ich glücklich. In der Naturkunde lernten wir viel über Blumen. Der Lehrer zeichnete sie an die Wandtafel und sprach dazu meistens ein kurzes Gedicht. Mein Interesse an der Schule wuchs, und ich war bald nicht mehr die Dümmste.

Auch von der Marte, diesem Teufelsbraten, befreite er mich. Einmal gab er uns das Aufsatzthema: »Ich wurde geplagt«, da schrieb ich auf, wie sie mich bei jeder Gelegenheit quälte. Das genügte.

Der Lehrer stellte sie zur Rede. Mich fragte er, warum ich es ihm nicht schon längst gesagt und mich nicht gewehrt hätte. Ich erzählte ihm, wir hätten Angst vor dem Verdingtwerden. Von da an hatte ich Ruhe. Der Lehrer paßte auf, daß mir nichts mehr geschah. Er forderte mich auf, ihm alles mitzuteilen, aber das war nicht mehr nötig.

Zu Hause mußte ich weiterhin das Vreneli beaufsichtigen. An einem schönen Sommertag wollte ich baden. Ich stellte den Wäschezuber in die Sonne. Während ich beim Brunnen Wasser holte und Vreneli nicht beobachtete, purzelte es kopfüber hinein. Ich zog das Kind sofort aus dem Becken, aber es war patschnaß geworden. Mit dem Vreneli zur Mutter gehen, traute ich mich nicht. So legte ich es an die Sonne, kehrte und wendete es und versuchte, es trocken zu reiben. Aber alles half nichts. Es tropfte immer noch und begann schon zu frieren. Da entschloß ich mich, doch noch zur Mutter zu gehen und das Donnerwetter über mich ergehen zu lassen. Ich hatte zu lange gewartet. Am nächsten Tag hatte die Kleine eine Lungenentzündung. Die ganze Schuld lastete auf mir. Vreneli war sehr empfindlich. Wenn man ihm Milch wärmte, mußte man ein paar Kamillenblümchen und eine Brotrinde mitkochen, sonst bekam es Bauchschmerzen.

Eines Tages kam eine Hausiererin an die Tür; Mutter erzählte ihr von den Beschwerden des Kindes. Die Frau glaubte, daß das Vreneli von jemandem verfolgt würde. Es gebe Hexen, die die Kinder aus der Ferne quälen könnten. Sie wußte natürlich auch Rat: Man nehme eine Schweinsblase, fülle sie mit einer Haarlocke, Finger- und Zehennägeln und Kot des Betroffenen. Das Ganze müsse in die »Chämihutte« gehängt werden. Bei Ehr und Gewissen, sagte sie, werde es dem Kind sofort besser gehen. Am nächsten Tag mußte ich vom Metzger eine Schweineblase mit nach Hause bringen, und der Zauber wurde aufgeführt. Leider half das Ganze nicht. Die Kleine krähte kräftig weiter, die Schweineblase kam nach einiger Zeit auf den Mist.

Nun sollte Mutter Witwen- und Waisenrente erhalten. Diese wurde aber nicht direkt an uns bezahlt. Im Dorf wohnte eine alte, etwa siebzigjährige Handarbeitslehrerin. Die wurde von der Gemeinde bestimmt, unser Geld zu verwalten. Wir bekamen die Rente nie zu sehen. Das Geld reichte gerade aus, um den Hauszins und die Milch zu bezahlen, manchmal auch noch für ein Paar Schuhe. Aber immer, wenn wir etwas kaufen wollten, mußten wir zuerst die Jungfer Witschi fragen. Es kam auch vor, daß ich Stoff oder Wolle in den Handarbeitsunterricht mitbringen sollte. Dann mußte ich zuerst im Laden nachfragen, wieviel es kostete. Jungfer Witschi erlaubte nur, das Nötigste zu kaufen. Wenn ich dann jeweils den genauen Betrag wußte, ging sie in die Stube, machte die Tür zu und kam mit dem Geld, auf den Rappen genau abgezählt, zurück. Mutter sah auch nie eine Abrechnung. Erst viele Jahre später, als die Jungfer starb, kam unser Geld zum Vorschein. Uns Kindern hätte davon eine Berufsausbildung finanziert werden können.

Es war eine harte Zeit. Alles war rationiert. Die Mutter bekam immer weniger Strickaufträge. Da wußte der Gemeindeschreiber Rat. Er verwies sie an die Schweizerische Zentrale für Heimarbeit in Bern, die der Mutter Arbeit gab. Militärhandschuhe mußte sie nun stricken, genau nach einem vorgelegten Muster. Für das Paar bekam sie 75 Rappen. Es blieb ihr nichts anderes übrig, als diese unterbezahlte Arbeit anzunehmen, wenn wir nicht verhungern wollten.

Eines schönen Tages kam Großmutter zu uns und eröffnete der Mutter, daß sie den Johann zur Tante in die Wirtschaft geben wolle. Da war sie bei der Mutter aber an die Falsche geraten. »In die Beiz, niemals!« Unverrichteterdinge mußte die Großmutter abziehen. Aber damit war die Sache noch lange nicht erledigt. Am nächsten Tag kam die Tante angerauscht. Plötzlich stand sie vor der Tür. Sie wollte den Johann unbedingt haben und drohte Mutter, uns nie mehr zu helfen, wenn sie nicht einwillige. Ihr Mann, der unser Vormund war, werde auch nichts mehr für uns tun. Mutter ließ sich nicht erweichen. Sie sagte der Tante, daß keines ihrer Kinder je in eine Wirtschaft käme. Solange sie lebe, werde sie das nicht zulassen. Die Tante zeterte los, wenn unser Vater nicht bei ihnen eingekehrt wäre, so hätte er sicher eine andere Wirtschaft gefunden, es gebe ja noch zwei im Dorf. Mutter sagte, das sei möglich, aber sie hätten auch nichts getan, um es zu ändern. Das Geld, das er ihnen gebracht habe, hätten sie gerne genommen. Wohl oder übel mußte die Tante wieder gehen. Mutter machte sich nun sofort auf den Weg, um den Johann nach Hause zu holen.

Ein Tagesablauf

Am Morgen mußte ich um halb sieben aufstehen. Die Mutter machte uns das Frühstück. Meistens gab es Kakao und Brot, manchmal auch Haferbrei. Die Zähne putzten wir mit Holzasche. Damit sollten sie besonders weiß werden. Dann gingen wir bis elf Uhr in die Schule, und eine halbe Stunde später waren wir wieder zu Hause. Wenn ich am Nachmittag Schule hatte, begann Mutter, das Mittagessen zu kochen. Aber wenn ich frei hatte, mußte ich das Essen zubereiten, was gar nicht so einfach war auf dem alten Holzherd. Die Pfannen konnte ich kaum aus dem Feuerloch heben, so schwer wogen sie. Nach dem Essen mußte ich abwaschen, Dani sollte das Geschirr abtrocknen. Aber meistens war der Lausebengel unauffindbar. Ich geriet in Wut, weil es ihm immer gelang, seinen Pflichten zu entgehen. Statt abzuwaschen, suchte ich nach ihm. So verstrich viel Zeit – am Schluß mußte ich den Kram doch alleine erledigen. Meistens bekam ich noch eine Strafpredigt dazu. Während der ganzen Arbeit mußte ich auch auf Vreneli aufpassen. Wenn die Abwascherei fertig war, hatte ich an den Militärhandschuhen kleinere Näharbeiten zu verrichten. Die Mutter war während ihrer Arbeit nicht ansprechbar, da sie sich dauernd konzentrieren mußte. Sie ertrug es auch nicht, wenn das Vreneli weinte. Am Abend hatte sie dann jeweils zehn Paar Handschuhe gestrickt. Am darauffolgenden Tag mußte ich sie bügeln. Da hieß es aufpassen, daß die Handschuhe nicht braun wurden. Das Bügeleisen wurde nämlich mit der Zeit immer heißer. So machten wir zusammen viele hundert Paar Handschuhe bereit für die Soldaten im Militärdienst. Während Tagen und Monaten sahen wir kaum etwas anderes als Berge von Handschuhen. Öfters gelüstete es uns, ein Brieflein in einen Handschuh zu schmuggeln, um zu sehen, wer ihn bekommen würde. Aber wir trauten uns nicht aus lauter Angst, man könnte uns deshalb die Arbeit wegnehmen.

Jeden Abend mußte ich mit dem Kinderwagen im Dorf die Milch holen und einkaufen. Der Wagen hatte seine Tücken. Immer wenn ich ein Bord hinunterfuhr, löste sich ein Rad und rollte davon. Jeden Abend mußte ich ein paarmal dem verflixten Rad nachlaufen und es wieder montieren. Mit Schnüren und Hanf versuchte ich, es zu befestigen, aber es hielt einfach nicht. So wiederholte sich alle Tage das Gleiche.

Wenn ich vom Dorf zurückkam, mußte ich das Abendessen kochen. Kam ich um die Wegbiegung und sah unser Haus, schaute ich oft zum Kamin in der Hoffnung, daß er rauchte und Mutter kochte. Aber der Kamin rauchte nie. Sicher war Mutter beim Kaninchen füttern, beim Gras mähen, beim Holzen oder auf dem Acker. Immer wurde es fast acht Uhr, bis das Essen fertig war. Danach mußte ich wieder abwaschen, die Küche sauber machen und das Vreneli ins Bett bringen. War alles fertig, kam der Schulsack dran. Viel wurde aus den Aufgaben normalerweise nicht, denn ich war schon zu müde. Am nächsten Morgen mußte ich dann mit schlechtem Gewissen in die Schule.

Sonntag

Den Sonntagmorgen genoß ich jeweils sehr. Alles war geputzt, und vom Dorf hörte man die Kirchenglocken läuten. Am Sonntag kochte immer die Mutter das Mittagessen, manchmal gab es sogar einen Kaninchenbraten. Das Tier wurde dann meistens schon am Samstag von der Mutter geschlachtet. Das konnte sie gut. Ich genoß es, mich einmal an einen gedeckten Tisch zu setzen. Nur die Kartoffeln mußte ich schälen. Bevor das Kaninchen ganz durchgebraten war, nahm die Mutter den Kopf aus der Pfanne und wir Kinder bekamen alle ein »Versucherli«.

Einmal wurde mir der Sonntag sehr getrübt. Mutter gab vor dem Anrichten immer ein wenig Essig an den Kaninchenbraten. Nun geschah es, daß sie die falsche Flasche erwischte. Anscheinend hatte ich die Essigflasche mit dem Brennspiritus vertauscht, so goß sie Brennspiritus in die Pfanne. Es hagelte Schläge auf meinen Kopf. Mutter wusch das Fleisch und machte eine neue Sauce, trotzdem war mir dieser Sonntag gründlich verdorben.

Am Sonntagnachmittag flickte und nähte die Mutter unsere Kleider. So konnten wir nur ausnahmsweise einmal an einem Sonntag spazierengehen. Aber einmal jeden Sommer spazierten wir nach

Rümligen. Zu Fuß wanderten wir durch die herrliche Landschaft. Von der Buchle konnten wir den Thunersee sehen mit den Segelbooten. War das eine Wonne! Der Weg führte uns auch durch den Park des Rümligenschlosses. Es war wie im Märchen. Aus einer Mauer plätscherte ein Wasserstrahl in einen Weiher. In diesem schwammen Enten. Viele Blumen blühten, riesige alte Bäume säumten die sehr gepflegten Wege. Auch ein Pfau stolzierte auf dem Rasen herum und schlug das Rad. Wir kamen aus dem Staunen nicht heraus. Und erst noch das verwunschene Schloß mit der Madame de Meuron. Oft begegneten wir ihr mit ihren Riesenhunden. Sie rief die Hunde immer erst zurück, wenn sie unsere Angst genossen hatte. Die Madame hatte ein schneeweißes Gesicht unter ihrem schwarzen Hut. Lange schwarze Gewänder schleifte sie am Boden nach. Uns schaute sie mit sehr verachtenden, kalten Augen an, so daß uns eine Gänsehaut über den Rücken lief. Sie hätte auch nie ein Wort an uns gerichtet. Vater mußte ein paarmal für sie arbeiten. Einmal bestellte sie Kupferziegel für ihr Gartenhaus. Als er sie brachte, wollte sie die Ziegel nicht mehr haben. Vater lud sie aber einfach ab, sie mußte die Rechnung wohl oder übel bezahlen.

Hinter dem Schloß besuchten wir, wenn es günstig war, das Grab ihres Sohnes, der 1909 geboren war und sich 1939 das Leben genommen hatte. Man sagte, es sei wegen einer unglücklichen Liebe zu einer Lehrerin gewesen, die er nicht hatte heiraten dürfen. Auch von der Madame erzählte man sich allerhand. Zum Beispiel, daß sie nachts in einem weißen langen Kleid im Thurnenholz herumgeisterte. Sie hätte Männer erschreckt, die nach Wirtschaftsschluß vom Mühlibach nach Riggisberg wollten. Zuerst hätten sie an ein Gespenst geglaubt, aber als ein paar zusammen waren, beschlossen sie, der Sache auf den Grund zu gehen. Sie schlichen sich an das Gespenst heran, da kam unter dem großen Hut die Madame hervor. Noch viele Geschichten wurden von ihr erzählt. So geheimnisvoll und schön es im Park war, so waren wir doch jedesmal erleichtert, wenn wir die Anlage hinter uns sahen.

In der Wirtschaft zum »Gutenbrünnen« in Rümligen bekamen wir einen Sirup und ein Weggli. War das eine Herrlichkeit! Glücklich, aber sehr müde, kehrten wir am Abend wieder nach Hause zurück.

Malschachtel

Zu Weihnachten erhielt ich von meiner Gotte eine wunderschöne Wasserfarben-Malschachtel. Das Geschenk freute mich riesig. Am Sonntagnachmittag saß ich am Stubentisch und malte Wunderblumen, Märchenfiguren und vor allem Nixen. Immer sah ich vor mir eine Nebellandschaft mit blühenden Herbstzeitlosen. Schleierhaft schwebten rosarote Nebelchen über den Blumen. Einmal glaubte ich, auf einem Bild die Lüneburger Heide zu sehen. Die Heide blühte. Das erschien mir wie ein Wunder. Kirchen und Friedhöfe malte ich auch immer wieder. Ich zeigte die Zeichnungen meinem Lehrer. Er war begeistert. Von da an erhielt ich jeden Samstag ein paar Zeichnungsblätter, die ich am Sonntag bemalen durfte. Die meisten behielt der Lehrer. Auch im Winter fehlte es mir nicht an Motiven. Stundenlang zeichnete ich die Eisblumen, die an unseren Fenstern blühten. Was da für schöne Gebilde entstanden! Ich zeichnete, bis meine Finger rot gefroren waren. Niemand konnte begreifen, daß ich mich mit so blöden Eisblumen beschäftigte und diese kalte Angelegenheit auch noch schön fand. Weil ich kein schönes Papier hatte, um die Schulhefte einzufassen, bemalte ich Packpapier und stickte meinen Namen mit Seidenfäden. Einmal führte der Lehrer mein Kunstwerk der ganzen Klasse vor. Ich war schon ein wenig stolz, aber gleichzeitig machte mich das Lob auch wieder verlegen.

Zeichnen und Malen blieb immer mein liebstes Fach in der Schule. Da hatte ich das Gefühl, daß mir etwas gelang. Und immer häufiger kam es vor, daß Schulkameradinnen mich baten, ihre Zeichnungen anzufertigen. Das tat ich immer sehr gerne.

Pfeffersuppe

Einmal, ich war etwa zwölf Jahre alt, mußte ich zum Abendessen Kartoffelsuppe kochen. Als ich ins Salzfaß griff, war es leer. Kein Krümelchen konnte ich finden. Draußen war es schon dunkel. Zu den Nachbarn konnte ich nicht mehr gehen, um Salz auszuleihen, denn diese waren längst fertig in der Küche. Ich hätte mich geschämt, erst jetzt am Kochen zu sein. Also mußte ich mir selber helfen. Mutter traute ich mich auch nicht zu fragen, was ich machen sollte. Jedesmal, wenn ich etwas von ihr wissen wollte, brüllte sie mich an. Meine Hand griff zum Pfefferglas. Ich gab ordentlich Pfeffer in die Suppe und rief zum Essen. Alle saßen um den Tisch. Mutter schöpfte die Suppe in die Teller. Mit Heißhunger begannen wir zu essen. Nach dem ersten Löffel aber schnappten alle nach Luft. »Du elende, blöde Kuh, was hast du mit der Suppe gemacht?« Eine kräftige Ohrfeige landete auf meiner Wange. Da stieg ein Trotz in mir auf, und ich rief über den Tisch: »So freßt doch nichts mehr!« Wortlos stand Mutter vom Tisch auf und ging in die Stube. Die Geschwister zeterten: »Wenn die Mutter jetzt verhungert, bist du schuld, du blöde Kuh!« Mir war es wind und weh, was sollte ich jetzt machen. Ich entschloß mich, zur Mutter zu gehen. Ich mußte lange bitten und betteln, bis sie wieder das Wort an mich richtete. Endlich ließ sie sich erweichen und kam in die Küche. Sie goß ziemlich viel Milch in die Suppe, so daß man sie doch noch essen konnte. Ein Festmahl wurde es allerdings nicht mehr.

Das Kochen wäre nicht so schlimm gewesen, wenn nicht dauernd die Zutaten gefehlt hätten. Wenn ich Salat machen sollte, war kein Öl da. Sollte ich Kakao kochen, hatten wir keinen Zucker. Die ganze Kocherei hing mir manchmal zum Hals hinaus. Nie hatten wir Geld, um das Nötigste zu kaufen. Wir konnten lange nicht alle Lebensmittelmarken einlösen, denn so viel Geld war nie vorhanden.

Der große Tag

Jeden Monat einmal konnte die Mutter die gestrickten Handschuhe nach Bern bringen. In den Ferien durften wir sie manchmal begleiten, das war ein Fest für uns. Die Stadt beeindruckte mich immer sehr. Auch roch es ganz anders als zu Hause. Mit unseren schweren Kartonpaketen beladen, wanderten wir zur Zentralstelle. Mutter nahm den kärglichen Lohn von hundertfünfzig Franken für zweihundert Paar Handschuhe entgegen, harte Arbeit von einem ganzen Monat. Mutter war auch sonst ein gerngesehener Gast in der Zentralstelle, weil sie alle übriggebliebenen Lebensmittelmarken mitbrachte. Einmal mußten wir zu Fräulein Doktor Graber nach Hause, um ihr die Marken zu bringen. Sie wollte uns dafür alte Kleider geben. Es war Mittag, und Mutter schärfte uns ein, wenn sie uns frage, ob wir gegessen hätten, sollten wir »ja« sagen. Es wäre unverschämt, dort zu essen.

Als wir bei Grabers ankamen, führten sie uns ins Eßzimmer, wo alle am Mittagstisch saßen. Wir wurden gefragt, ob wir schon gegessen hätten und antworteten vorschriftsgemäß mit »ja«, obwohl unsere Mägen knurrten. Unter unseren schweren Schuhen wurden Zeitungen ausgebreitet, damit wir die Teppiche nicht beschmutzten. Alles sah so appetitlich aus, daß uns das Wasser im Mund zusammenlief. Auf dem Tisch ein schneeweißes Tischtuch, weiße Servietten, wunderschönes Geschirr und in den Tellern weiße Bohnen und Fleisch. Alles war so schön zurechtgemacht. Unsere Mägen zogen sich zusammen. Es wurden sogar noch Reste in die Küche getragen. Als abgeräumt war, breitete Mutter ihre Schätze auf dem Tisch aus, sogar noch Zucker-, Mehl- und Teigwarenmarken waren dabei. Unterdessen saßen wir auf den gepolsterten Stühlen. Wir getrauten uns kaum, uns zu bewegen und zu atmen. Die kostbaren Teppiche, alles war blitzblank. Es war so schön und doch für uns so unheimlich. Bepackt mit einer Schachtel alter Kleider, aus denen für uns Kinder dann neue gemacht wurden, zogen wir ab.

Einmal, an einem kalten Wintermorgen, ging Mutter aus dem Haus, beladen mit den schweren Paketen, um wieder einmal Handschuhe nach Bern zu bringen. Ich mußte auf die Geschwister aufpassen, kochen und die Wohnung aufräumen. Es sah aus wie in einem Schweinestall. Mutter hatte die ganze Nacht durch gearbeitet, um fertig zu werden. Der Nachttopf stand unter dem Bett, voll Urin, und schmutzige Kleider lagen herum. Wovor mir am meisten ekelte, war Mutters altes schmutziges Korsett. Das steckte ich ihr ins Bett, nachdem ich es gemacht hatte. Ich wußte fast nicht, wo beginnen, bei solch einem Durcheinander. Nach dem Mittagessen sollte Dani abtrocknen, denn das Geschirr hatte sich auch angehäuft. Aber als ich nach ihm rief, war der Kerl wieder einmal nicht auffindbar. Als ich ihn endlich in die Küche zerrte, entwischte er mir wieder in die Stube. Ich rannte ihm nach um den Tisch herum und konnte ihn nicht fassen. Da packte mich der Zorn, ich griff nach der Mehlbürste und warf sie über den Tisch Dani an den Kopf. Sie traf ihn an der Schläfe. Er schrie fürchterlich und preßte die Hand an den Kopf. Dann stieg er auf einen Stuhl und schaute in den Spiegel. Erst jetzt sah ich, was ich angerichtet hatte: Ein großes blaues Horn wuchs ihm am Kopf, das immer größer und größer wurde. Wahnsinnige Angst überkam mich. Um Gottes willen, wenn er nun sterben würde! Er wimmerte und torkelte in der Stube herum. Ich trug ihn in Mutters Bett und holte einen nassen Waschlappen. Mit diesem wollte ich die Beule hineindrücken, aber es gelang mir nicht. Das Horn war so groß wie eine kleine Kinderfaust und schimmerte blau. Den ganzen Nachmittag machte ich ihm kalte Umschläge. Alles blieb unverändert. Ich durfte nicht daran denken, was geschehen würde, wenn Mutter nach Hause kam. Immer wieder beschwor ich Dani, daß er mich nicht verraten sollte. Doch das Ganze war nicht zu verheimlichen, der Bluterguß war zu gut sichtbar. Wohl oder übel mußte ich die Folgen abwarten. Am liebsten wäre ich davongelaufen. Am

Abend, als Mutter kam, entdeckte sie das Horn schnell, besonders weil Dani noch im Bett lag. Mutter verdrosch mich nach Strich und Faden, und als Strafe durfte ich vorläufig nicht mehr in die Jugendriege gehen. Das war die härteste Strafe für mich, denn die Jugendriege war mir das Liebste, was ich hatte. In Zukunft mußte ich auch noch alleine abwaschen. So traurig ging die Sache aus. Immer war ich die Dumme. Am Abend ging ich hinter das Haus und weinte, um meine schwere Last loszuwerden.

Einbrecher

Es war wieder sehr spät geworden, als ich eines Abends endlich in der Küche fertig war. Nur noch den Sack, der vor der Stubentüre lag, damit man die schmutzigen Schuhe vor dem Eintreten abstreifen konnte, mußte ich ausklopfen. Ich packte ihn und trat damit in die dunkle Nacht hinaus. Von der Küche fiel ein schwacher Lichtstrahl nach draußen. Auf einmal stand eine große schwarze Gestalt vor mir. Es war ein mir ganz fremder Mann. Er fragte mich nach dem Weg nach Schwarzenburg, ob wir einen Hund hätten und wer alles in diesem Haus wohne. Er hatte grausige schwarze Zahnstummel im Mund, auch redete er einen fremden Dialekt, so daß ich ihn kaum verstand. Der Mann war mir unheimlich, doch gab ich ihm Auskunft, verschwand dann aber schnell wieder in die Küche, um meine Arbeit zu beenden.

In der Nacht wurden wir brutal aus dem Schlaf gerissen. Mutter stand vor dem Bett und befahl uns, sofort aufzustehen und zu ihr ins Bett zu kommen. Es sei etwas Schlimmes geschehen. Mutter erzählte uns, daß sie geschlafen habe und plötzlich aufgewacht sei, weil etwas an ihr Bett stieß. Da habe sie über sich eine Gestalt mit einem im Mondlicht blitzenden Gegenstand in der Hand gesehen. In dem

Augenblick sei sie lebendig geworden und hätte gerufen: »Wer bist du und was willst du hier?« Der Mann hätte gestottert, daß ihm jemand helfen solle. Die Mutter aber schrie ihn an und sagte: »Potz Herrgott Donner, ich werde jetzt den Revolver hervorholen und dir helfen.« Der Mann habe Angst bekommen und sei durchs Fenster wieder abgehauen. Sie habe dann das Fenster sofort zugemacht und sei nun nachschauen gekommen, ob wir Kinder noch am Leben wären. Bis am Morgen lagen wir eng beieinander im gleichen Bett und fürchteten uns sehr. Ich erzählte der Mutter auch von dem Mann, den ich vor der Türe getroffen hatte.

Sofort nachdem wir aufgestanden waren, nahm die Mutter das Fahrrad und fuhr ins Dorf zum Polizisten. Dieser suchte vor unserem Haus nach Fußspuren und fand auch welche. Der Mann hatte die Schuhe ausgezogen; man sah, daß er in den Socken eingestiegen war.

Am selben Tag klopfte es an der Schulzimmertüre und ein Polizist in Uniform verlangte nach mir. Ich mußte ihm beschreiben, wie der Mann ausgesehen hatte, der mich am Abend zuvor angesprochen hatte.

Im Schulzimmer war eine große Aufregung und ein großes Rätseln darüber, was ich wohl angestellt hätte, daß der Landjäger mich holen kam. Auch der Lehrer wollte wissen, was geschehen sei und ich mußte unser Erlebnis erzählen. Der Mann aber wurde nicht gefunden. Wir haben nie mehr etwas von ihm gehört oder gesehen.

Franz schenkte der Mutter daraufhin einen Spielzeugrevolver. Vorn im Lauf steckte ein Korkzapfen, und wenn man den Abzug betätigte, sprang dieser Zapfen mit einem Knall heraus.

Gefürchtet haben wir uns nachher immer. Wir schliefen auch nie mehr mit offenem Fenster. Selbst die Haustüre wurde abgeschlossen, was uns vorher nie in den Sinn gekommen wäre. In meinem Nachtgebet bat ich den lieben Gott um Schutz, denn er war der einzige, der uns beschützen konnte, und der einzige, dem ich vertraute.

Weißhaar

Weißhaar war unser Hausmeister. Wir nannten ihn so, weil er schlohweiße Haare hatte. Er wohnte in der Wohnung über uns und war Witwer. Seine Frau war auf einer Bergtour von einem Widder angefallen und getötet worden. Der widerliche Kerl hauste allein über uns. Seine Kinder waren ausgezogen und verheiratet. So hatte er Zeit, unser Tun genauestens zu beobachten. Kaum eine der herrlichen gelben Pflaumen, die uns so gut schmeckten, konnten wir erhaschen, seine listigen Augen waren überall. Wenn er etwas von uns wollte, klopfte er mit einem Stock auf den Boden, und wir mußten nachsehen, was er begehrte. An einem frühen Morgen polterte es wieder einmal an der Decke. Mutter ging nachsehen, was los war. Weißhaar lag mit Fieber im Bett, wir sollten den Doktor holen. Nun mußte Mutter zusätzlich noch den Alten pflegen. Als ihm Mutter einmal das Essen brachte und ihn fragte, wie es ihm gehe, antwortete er: »Wenn du jetzt noch ein wenig zu mir ins Bett kämest, würde es mir besser gehen.« Er packte die Mutter und wollte sie ins Bett zerren. Doch sie wurde schnell fertig mit dem widerlichen Kauz und ergriff die Flucht. Nun mußte immer eines von uns Kindern mit, wenn sie ihm das Essen brachte. Auch ich fürchtete mich von da an vor ihm und ging nie mehr allein zu ihm hoch.

Eine von Weißhaars Töchtern kam jede Woche einmal zu ihm, angeblich zum Putzen. Die Else hatte zehn Kinder. Ihr Mann arbeitete als Melker, und sie war gezwungen, etwas Geld zu beschaffen. An diesen Nachmittagen mußten dann ihre Kinder zu uns. Oben hörte man die alte Bettstatt knarren, und dann wußten wir, was los war: Die Else stieg zu ihrem Vater ins Bett. Wenn alles vorbei war, holte sie die Kinder und machte sich mit gefülltem Geldbeutel auf den Heimweg. So ging es jede Woche, bis sie eines Tages meiner Mutter erzählte, daß sie wieder ein Kind erwartete. Aber es sei nicht von ihrem Mann. Sie war nun schon fünfundvierzig Jahre alt und wollte das Kind lieber nicht auf die Welt bringen. Was sie wohl machen solle? Aber die Mutter wußte auch keinen Rat, als daß sie die Folgen tragen müsse. Von wem es war, wußten wir genau. So kam es, daß sie das Kind ihres Vaters gebar. Wir hatten stets das Gefühl, einen Greis im Kinderwagen zu sehen, so runzelig und häßlich war das Kleine. Bemerkt aber hat außer uns niemand diesen Vorfall. Wir mußten schweigen, denn sonst hätten wir unsere Wohnung verloren.

Es war schlimm für mich, dieses schreckliche Geheimnis für mich zu behalten. Ich begriff auch gar nicht recht, was vorgefallen war. Um das Rätsel zu lösen, getraute ich mich ab und zu, der Mutter eine scheue Frage zu stellen. Sie erklärte mir, daß die

Else immer zu ihrem Vater ins Bett gestiegen sei und daß sie nun ein Kind von ihm bekommen habe. Das wußte ich ja alles schon. Aber warum man Kinder kriegt, verstand ich nicht, und das wollte ich doch so gerne wissen. Mutter sagte, daß ich noch zu klein sei, um das zu begreifen. Um das Geheimnis aber mit mir herumzutragen, war ich nicht zu klein. Nicht einmal, was die Binden in dem blutigen Wasser zu bedeuten hatten, erfuhr ich. Ich wußte nur, daß es etwas schrecklich Grausiges war, über das man nicht sprach. Und wenn diese »Krawatten« an der Wäscheleine hingen, mußte man Tücher davor hängen, damit man sie nicht sah. Sorgen, Nöte und Geheimnisse hat Mutter mir anvertraut, und ich mußte über alles schweigen.

Embolie

An einem Abend klagte Mutter über schlimme Schmerzen im Arm. Sie konnte sich nicht mehr auf den Beinen halten und mußte ins Bett. Am nächsten Morgen ging Mutter zum Arzt. Dieser eröffnete ihr, daß sie eine Embolie habe und sich ganz ruhig verhalten müsse. Es sei sehr gefährlich. Wenn das Gerinnsel zum Herzen wandere, müsse sie sterben. Als ich von der Schule nach Hause kam, saß Mutter weinend auf dem Ofen. So hatte ich sie noch nie gesehen, und mir wurde angst und bange. Mutter erzählte mir alles. Sie konnte nun nicht mehr arbeiten, und ich mußte für sie den Haushalt besorgen. Der Schule blieb ich für einige Zeit fern. Ich hatte furchtbare Angst um Mutter. Ich tat ihr alles zuliebe, was mir in den Sinn kam. Sogar das Essen brachte ich ihr auf den Sitzofen, damit sie nicht aufstehen mußte. Wir besprachen, was geschehen sollte, wenn sie sterben müßte. Ich sollte ganz speziell zum Vreneli schauen, denn vor dem Verdingtwerden würde uns wohl niemand bewahren.

Kein Mensch kümmerte sich in dieser Zeit um uns, alles wurde mir überlassen. Ich mußte auch zur Jungfer Witschi gehen und um Geld betteln. Sie hatte nur zehn Franken für uns übrig, damit sollten wir auskommen. Natürlich reichte es nicht. Bei der

Krämerin und beim Bäcker mußte ich wieder anschreiben lassen, doch das Nötigste bekamen wir. Etwas Gutes hatte die ganze Krankengeschichte doch noch: Mutter hatte einmal Zeit, uns Geschichten aus ihrer Kindheit zu erzählen.

Die Gespenstergeschichten fesselten uns sehr: Im Dorf sei früher ein altes Schloß gestanden. Es beherbergte einen bösen Ritter, der noch lange nach seinem Tod herumgeisterte. Nachts hörten die Leute den »Rappitaler«, so hieß der Schloßherr, mit Ketten und Pferden den Hügel hinuntergaloppieren. Oder man hörte ihn im Wald jagen und seine Hunde bellen. Die Mutter berichtete auch, daß sie einmal in einen warmen Luftzug gekommen sei und am nächsten Tag einen geschwollenen Kopf gehabt habe. Das klang so schauerlich, daß wir uns fast nicht mehr ins Bett wagten. Manchmal las uns Mutter auch aus dem Album »Nestlé, Peter, Cailler, Kohler« Geschichten vor. Das war so ziemlich das einzige Buch, das wir besaßen. Ich fand es wunderbar, denn ich hörte so gerne Geschichten. Auch von lustigen Ereignissen wußte sie zu berichten. Nur laut lachen durften wir nie. Mutter hätte es nicht geduldet. Sie sagte immer, wenn man so übermütig sei, müsse man nachher weinen.

Holzen

Schwarz schienen die Wälder ringsumher, wenn heftige Windböen und starker Schneefall einsetzten. Bei solchem Unwetter gab es im Wald immer viel Fallholz. Der Nachbar, ein Förster, sagte der Mutter, daß sie in der Giebelegg Holz holen könne. Sonst kümmerte sich nie jemand um uns. Niemanden sonst interessierte es, ob wir Holz zum Kochen oder zum Heizen hatten. Mutter überlegte sich, wie sie wohl das Holz nach Hause bringen könnte. Ihr Entschluß war bald gefaßt, sie fragte Weißhaar, ob sie seinen Ziehschlitten benutzen dürfe. Dieser willigte ein, und an einem Samstag wurde das Gefährt aus dem Schopf gezerrt. Wir Kinder freuten uns riesig, mit dem großen Gefährt loszuziehen. Rechts und links wurde ein Seil zum Ziehen befestigt und Klein-Vreneli packten wir obendrauf. So ging es los. Die ersten Hügel nahmen wir noch mit Leichtigkeit, aber dann wurde es immer steiler und der Schlitten immer schwerer. Bald kamen wir ins Schwitzen. Wenn wir uns vorstellten, wie weit der Weg noch war, wurde uns schon ein wenig bange, ob wir mit unserem Gefährt jemals das Ziel erreichen würden. Pferdeschlitten mit lustigem Geschell trabten an uns vorbei. Die fuhren auch zum Holzen. Keinem kam es in den Sinn, unseren Schlitten anzuhängen, und wir waren zu scheu, um zu fragen. So zogen wir tapfer weiter und erreichten die Giebelegg doch noch. Wir gönnten uns eine kurze Verschnaufpause, dann mußten wir das Holz zusammentragen. Mutter lud ein volles Fuder auf. Wir Kinder wurden auf die Holzbeige gesetzt und los ging die Fahrt. Zuerst war alles gut und wir freuten uns. Auf einmal merkten wir, daß etwas nicht mehr stimmen konnte, denn die Fahrt wurde immer schneller. In rasendem Tempo sausten wir die steile Waldschneise hinunter. Holzer, die unterwegs waren, sprangen zur Seite und warfen die Hände in die Höhe. Sie riefen uns etwas zu, das wir aber wegen der schnellen Fahrt nicht verstanden. Mutter rief: »Haltet euch fest!« Sie steuerte mit all ihren Kräften den Schlitten. Ausrichten konnte sie nicht mehr viel, denn sie hatte längst die Herrschaft über den Schlitten verloren. Doch wir hatten einen Schutzengel. Mutter erwischte die Kurve und die Einmündung in die Straße. Als der Schlitten endlich stillstand, sahen wir uns nur an: Ein steiler Abgrund gähnte vor uns. Gänsehaut lief uns über die schweißnassen Rücken, und wir dankten Gott für seine Führung. Vor der nächsten Abfahrt installierte Mutter eine Bremse. Sie lud ein Bündel Äste ab und band sie hinten an. Dani und ich mußten uns darauf setzen. So kamen wir doch noch heil nach Hause. Es war auch höchste Zeit, denn die Dunkelheit brach schon langsam herein. Die Mutter lud ihren Schatz ab, und ich mußte ins Dorf, um die Milch zu holen; anschließend kochte ich noch das Abendessen. Tränen standen mir in den Augen, als ich endlich Feuer im Ofen hatte, ich konnte mich kaum mehr auf den Beinen halten. Essen mochten wir alle nicht mehr viel, wir waren zu erschöpft.

Im Frühling erhielt Mutter einen Brief von ihrem Bruder in der Rüti. Er schrieb, daß es bei ihm im Wald viel Fallholz gäbe, darunter noch ganze Stämme, die sie sicher brauchen könnte. Mutter überlegte, wie sie das Holz heimbringen könnte. Mit dem Karren war es nicht möglich, weil es viel zu weit war. Deshalb entschloß sie sich, meinen Götti um Hilfe zu bitten. Dieser war Bauer und besaß einen Wagen und zwei Pferde. Er willigte ein, uns das Holz zu transportieren.

Wir waren froh, den Bergen von Militärhandschuhen einmal den Rücken kehren zu können, und machten uns auf den über vier Stunden langen Weg zu Mutters Bruder. Es war noch fast dunkel, als wir aufbrachen, und alles wirkte sehr geheimnisvoll. Wir Kinder freuten uns riesig, daß wir richtiges Holz bekamen. Gegen Mittag kamen wir zum Waldhäuschen, wo der Onkel wohnte. Auf dem Herd kochte schon eine kräftige Kartoffelsuppe. Eine große Kinderschar saß um den Küchentisch, die alle auf die Suppe warteten. Wir zogen den herrlichen Duft in die Nase und Mutter packte den großen Laib Brot und Käse aus, die sie unterwegs gekauft hatte. Nach dem Essen mußten wir Wasser holen. Wir gingen ein Stück auf einem schmalen Pfad in den Wald hinein. Dort gab es ein moosbewachsenes Brünnlein. Die Wasserleitung kam direkt aus dem Hügel. Als der Kessel voll war, trugen wir ihn zu zweit ins Haus zurück. Alles war neu für uns und sehr abenteuerlich.

Am Nachmittag zeigte uns der Onkel, wo das Holz lag. Uns wurde ganz elend, als wir sahen, was uns erwartete. Es ging durch steile Schluchten, bergauf und bergab. Als wir endlich ankamen, fing Mutter sofort an, das Holz zu zersägen, und wir Kinder mußten Stück für Stück bis zum Weg schleifen. Es war schrecklich mühselig. Erst als es dunkel wurde, durften wir ins Waldhäuschen zurück. Müde setzten wir uns zur Tante in die Küche. Sie schickte sich an, die Rösti in die Pfanne zu geben. Mit Entsetzen sah ich, daß sie schwarzen Kaffee darüber goß. Ich traute der Sache nicht und fragte die Tante, weshalb sie das mache. Sie erklärte mir, daß die Rösti dadurch schön braun werde und feucht bleibe.

Nach dem Nachtessen saßen wir noch alle um den selbstgezimmerten Küchentisch, und die Mutter erzählte von ihren Sorgen und Erlebnissen. Unter anderem erzählte sie auch, daß sie nun den Johannes zu einem Bauern im Dorf geben könne. Sie glaubte, daß er es dort gut haben würde. Johannes war vorher bei verschiedenen Bauern als Hüterbube gewesen. Da war es ihm nicht gut ergangen, nicht einmal genug zu essen hatte er bekommen. In einer kalten Dachkammer mußte er schlafen, wo die Kleider bis zum Morgen nicht trockneten. Den ganzen Winter hindurch hustete er darum immer stark. Auch fürchtete er sich dort sehr.

Langsam wurden unsere Augendeckel schwer, wir gingen mit den anderen Kindern ins »Stübli«. Dort stand unser Bett. Vor dem Schlafengehen mußten wir alle noch auf die Toilette. In Einerkolonne standen wir hinter dem Haus vor der Tür mit dem ausgeschnittenen Herz. Wir mußten aufeinander warten, denn wir hatten nur eine Petroleumlaterne und es war sehr dunkel. Nachher zogen wir unsere Schuhe, Schürzen und den Rock aus, und eines nach dem anderen schlüpfte ins Bett: immer eines mit dem Kopf nach unten, das andere mit dem Kopf nach oben. Wir mußten uns auch alle auf die gleiche Seite drehen, sonst hätten wir nicht genug Platz gehabt. Schlafen konnte ich nicht gut, denn es war sehr hart und die Knochen taten mir weh. Ich war eher erleichtert, als es endlich hell wurde. Da sah ich mir das Bett näher an. Es bestand nur aus Brettern und Moos aus dem Wald, was immer unter dem Leintuch wegrutschte. Auch die Decke war nur ein Moossack. Alles roch muffig. Ich kletterte wie gerädert aus der Kiste. Wir zogen uns an und wuschen uns beim Waldbrunnen ein wenig die Gesichter. Auch Mutter kam humpelnd in die Küche, denn sie hatte die Nacht zusammengekrümmt auf dem Diwan verbracht.

Nach dem Frühstück ging unsere harte Arbeit im Wald wieder los. Noch zwei volle Tage arbeiteten wir schwer und verbrachten die Nächte in der Kiste. Wir waren sehr froh, als wir alles hinter uns hatten. Jetzt stand uns nur noch der lange Heimweg bevor. Mein Götti brachte uns dann das Holz mit dem Pferdefuhrwerk nach Hause. Dort mußte es noch zersägt, gespalten und zum Trocknen aufgeschichtet werden. Als alles fertig war, waren wir mächtig stolz auf unsere »Scheiterbeige«.

Alptraum

Mit einem Schrei erwachte ich aus dem Schlaf. Ich wurde wieder einmal von argen Alpträumen geplagt. Immer wieder hatte ich den gleichen Traum: Mein Bett war voller Schlangen. Ich zog meine Beine so hoch, wie ich konnte. Nur langsam kam ich wieder richtig zu mir. Das Zittern ließ nach, nur die Beine wagte ich noch nicht auszustrecken. Als ich so dalag, hörte ich auf einmal Stimmen aus der Stube, wo Mutter schlief. Wieder bekam ich schreckliche Angst. Ich getraute mich kaum zu atmen, denn ich hatte keine Ahnung, wer da mitten in der Nacht mit Mutter sprach. Angespannt horchte ich nach nebenan. Vielleicht waren ja wieder Einbrecher am Werk. Aber alles blieb ruhig, so daß ich wieder einschlief. Am nächsten Morgen fragte ich die Mutter, wer letzte Nacht bei ihr gewesen sei. Sie war ziemlich verlegen und wußte nicht so recht, was sie sagen sollte. Doch endlich rückte sie mit der Wahrheit heraus. Es war mein Götti; er sei ja auch schon viele Jahre allein. Seine Frau, eine Schwester meiner Mutter, war sehr früh gestorben. So bahnte sich eine Liebesgeschichte an; der Götti übernachtete noch viele Male bei der Mutter. Uns schärfte sie ein, keinem Menschen etwas davon zu erzählen. Wir würden sicher verdingt werden, wenn es die Leute erführen. Da hatte ich wieder ein Geheimnis mehr, das ich hüten mußte.

Der Götti stellte für uns ein Stück Land zur Verfügung, wo wir Kartoffeln pflanzen konnten. Wenn Mutter auf dem Kartoffelacker beschäftigt war, mußte ich das Mittagessen kochen und in einem Milchkessel eine halbe Stunde weit zu ihr tragen. Einmal machte ich mich auf den Weg, die Luft flimmerte vor Wärme, und ich sah viele Feldblumen und Schmetterlinge, die ich über alles liebte. Leider kosteten mich die schönen Sachen immer wieder Zeit, so daß das Essen längst kalt war, wenn ich ankam. Makkaroni und Kressesalat hatten wir auf unseren Tellern. Als der Götti unser Essen sah, lud er uns ein, in Zukunft bei ihm zu essen, wenn wir auf dem Acker arbeiteten. Wir freuten uns riesig. Doch die Freude war nicht von langer Dauer, denn beim Götti lebten noch seine Mutter und eine ledige Schwester. Als er zu seiner Mutter von Heiratsplänen sprach, tobte sie wie eine Verrückte: Das müsse sofort aufhören, es käme überhaupt nicht in Frage, daß sie uns Bastarde ins Haus nähme. Der Götti mußte seine Pläne aufgeben, denn seine Mutter war mächtiger als er. Sie hatte nun jahrelang für seine Kinder gesorgt und ihm den Haushalt geführt; seine Schwester ersetzte ihm einen Knecht. So blieb ihm nichts anderes übrig, als nachzugeben. Es war schade, denn er wäre ein lieber Vater gewesen. Einmal sagte er mir, er rauche gerne die Tabakpfeife, da könne man daraufbeißen und so den Frieden wahren. Samstags schlief er weiterhin bei Mutter, ich habe sie noch etliche Male gehört.

Pfarrers Strümpfe

Ganz ungeduldig wurde an unsere Wohnungstür geklopft. Wir zuckten alle zusammen. Dani saß auf dem Ofen und verteidigte seinen Platz den ganzen Nachmittag über eifrig. Mit einem Satz sprang er jetzt herunter, um als erster an der Tür zu sein. Er riß sie auf, wurde sehr still und blieb wie angewurzelt stehen. Die Frau, die draußen stand, sahen wir nicht gerne kommen. Da hörten wir schon die flötende Stimme: »Grüß Gott, Dani, ist die Mutter zu Hause?« Mit trotziger Stimme antwortete der Knirps: »Wo sollte sie sonst sein?« – »Du bist aber gar nicht freundlich zu mir«, bemerkte sie mürrisch, »und das Grüßen muß ich dich auch noch lehren.« Sie stieß den Kleinen auf die Seite und kam ins Zimmer gerauscht. Die Mutter schaute dem Besuch mit erschrockenen Augen entgegen. »Strickerin, könnt ihr eure Kinder nicht besser erziehen? Wenigstens sollten sie mich, die Frau Pfarrer, grüßen.« Umständlich kramte sie in ihrer Tasche, die Haare hingen ihr dabei über das Gesicht. Wir stellten uns dabei vor, daß so eine Hexe aussehen müßte. Mit klauenähnlichen, mageren Händen legte sie Wolle auf den Tisch. Prahlerisch brachte sie ihre Wünsche vor.

»Es tut mir sehr leid, Frau Pfarrer, aber diese dicke Wolle kann ich auf meiner Maschine nicht verstrikken«, sagte Mutter. Mit einem herausfordernden Blick antwortete die Hexe: »Für was habt ihr eure Gofen? Die können doch die Wolle auftrennen, das ist sicher nicht so tragisch.« Dani und ich waren in der Zwischenzeit in die Ofenecke gekrochen, denn wir wußten, was uns erwartete. Es war nicht das erste Mal, daß sie so unmögliche Wolle gekauft hatte. Die Frau Pfarrer sprach noch eine Weile mit Mutter und teilte ihr mit, daß sie gedenke, eine Sonntagsschule zu eröffnen. Die Mutter müsse uns Kinder unbedingt dorthin schicken, damit wir Gott kennenlernten. Mutter versprach ihr, daß wir am Sonntag kommen würden. Wir hatten Mühe, mit dem Erlebten fertig zu werden, denn wir fühlten, daß es der Frau Pfarrer wohltat, wenn sie uns demütigen konnte.

Am darauffolgenden Sonntag mußten wir dann zum ersten Mal in die Sonntagsschule. Alles Bitten und Betteln, nicht hingehen zu müssen, nützte nichts. Wir machten uns auf den langen Weg ins Dorf. Mit gemischten Gefühlen traten wir in den Kellerraum des Pfarrhauses. Nach der Predigt in der Kirche kam die Frau Pfarrer angerauscht und begann, von Gott zu erzählen. Das hat mir gefallen. Doch die Geschichte nahm ein jähes Ende. Die Frau Pfarrer schritt zum Pult und kramte eine Bibel hervor. Mit langen Schritten kam sie zu mir und drückte mir das schwere Buch in die Hände. Sie befahl mir, den Psalm 107, 5. Vers zu lesen. Ich schaute in das Buch. Ich konnte nicht lesen, die Buchstaben waren mir fremd. Ich betete innerlich, Gott, steh mir bei, sonst stehe ich schon wieder als dumm da. Auf einmal hörte ich hinter mir eine Stimme, und ich sprach die Worte nach, die ich hörte. »Gut«, sagte sie, »gib die Bibel dem Nächsten.« Das Buch kam mir zentnerschwer vor, und ich war froh, es loszuwerden. Mit scheuem Blick schaute ich mich um, um meinem Retter zu danken: Der große Sohn des Pfarrers war mein rettender Engel gewesen. Er stand mir noch viele Male bei. Dann spielte die Frau Pfarrer auf dem Harmonium. Inbrünstig sang und spielte sie. Ihr Sohn schnitt hinter ihrem Rücken Grimassen und streckte die Zunge heraus. Wir platzten fast vor unterdrücktem Lachen. Aber die Frau Pfarrer bemerkte nichts, sie war so vertieft in ihr Spiel. Nur einmal stand sie auf, um Tür und Fenster zu öffnen, so daß Gottes Wort frei würde, wie sie sagte, und alle Leute es hören könnten. Der Ton kam sicher nicht weit, denn wir saßen ja im Keller. Zwei Jahre lang mußten wir in die Sonntagsschule. Dann waren Dani und ich die einzigen, die noch kamen, und nur für uns allein wollte sie nicht weitermachen.

»Die Strümpfe habe ich nun gestrickt. Ich muß nur noch die Rohre zusammennähen und sie bügeln, dann kannst du, Rosi, sie der Frau Pfarrer bringen. Du kannst dich unterdessen anziehen«, sagte Mutter. Ich zog die verhaßten Schuhe hinter dem Ofen hervor. Sie stammten noch aus Mutters lediger Zeit und hatten hohe Schäfte und unwahrscheinlich viele Ösen. Immer wieder wurde ich ausgelacht wegen der hohen Absätze und der Schäfte, die mir bis zu den Waden reichten. Voller Wut pfefferte ich die verhaßten Dinger noch einmal hinter den Ofen, um sie wieder hervorzuholen. Ich setzte mich mit den unmöglichen Schuhen auf die hohe Türschwelle, betrachtete sie von allen Seiten und überlegte, ob man die Monster nicht abändern könnte. Wenn ich den Schaft mit der Schere abschneiden würde? Die Absätze könnte man sicher mit einem Beil abhacken. Ich nahm allen Mut zusammen, sagte Mutter, die noch mit den Strümpfen beschäftigt war: »Ich schneide hier ein Stück ab«, und zeigte mit meinem dicken Zeigefinger auf den Schuh. Mit zorniger Stimme schrie sie mich an: »Du kannst ja barfuß gehen, wenn es dir nicht paßt, du blöde Kuh.« Da zog ich es vor, meine Füße doch in die Schuhe zu zwängen. Dann spuckte ich auf die Spitzen der Schuhbändel und drehte sie, um sie besser durch die Ösen stoßen zu können. Ich zog noch das schäbige Jäckchen an und eine Kappe. Aus dem Ofenloch angelte ich ein paar Handschuhe hervor. Inzwischen waren auch die Strümpfe fertig. Als alles in der Tasche verpackt war, schärfte mir die Mutter noch ein, ja nicht ohne Geld von der Pfarrersfrau wegzugehen, ich brauchte es, um nachher einzukaufen. Sie selbst habe keinen Rappen mehr. Mir war es zuwider, daß ich aus dem Haus mußte, denn es war sehr kalt und schneite. »Auf Wiedersehen«, sagte ich der Mutter. Sie entließ mich mit einem »Behüt' dich Gott.« Streng sagte sie noch: »Bleib nicht zu lange fort.« Dann fiel die Tür hinter mir zu. Die Geschwister hauchten Löcher in die Eisblumen am Fenster und schauten mir nach.

Mühsam stapfte ich durch den hohen Schnee. Nach kurzer Zeit sah ich aus wie ein Schneemann. Tapfer folgte ich dem schmalen Pfad, bis ich endlich die Landstraße erreichte. In der Ferne sah ich das Dorf, nun mußte ich nur noch den Kirchhügel hinauf. Ein Pferdeschlitten flitzte an mir vorbei. Wenn ich doch nur mitfahren könnte, mußte das schön sein. Nach fast einer Stunde Kampf durch Schnee und Kälte langte ich beim Pfarrhaus an. Mit steifen Fingern drückte ich auf die Klingel, in der Hoffnung, daß jemand zu Hause sei. Ich läutete ein paarmal, aber die Tür blieb geschlossen. Doch ich gab nicht auf, denn ich hörte Geräusche im Haus. Erleichtert vernahm ich endlich Schritte hinter der Tür, und die Frau Pfarrer öffnete. »Ach, du bist es, Rosi.« »Ja, ich bringe die Strümpfe.« »So, sind sie endlich fertig? Zeig mal her. Sind sie wenigstens schön geworden?« Ich streckte ihr das Paket entgegen. Hastig öffnete sie das Papier und ließ den Inhalt in den Schnee fallen. Schnell bückte ich mich nach den Strümpfen, die Mutter so schön zurechtgemacht hatte, und überreichte sie noch einmal. Sie betrachtete die Arbeit von allen Seiten, um etwas zu finden, an dem sie etwas aussetzen konnte. Dann befand sie sie doch für gut und murmelte: »Die scheinen geraten zu sein. Rosi, richte deiner Mutter aus, daß ich das Geld gelegentlich vorbeibringen werde.« Nun wurde ich lebendig, denn die Tür war schon wieder halb geschlossen. Mit Angst rief ich durch den Türspalt: »Frau Pfarrer, Frau Pfarrer, ich muß doch das Geld haben. Ich muß noch einkaufen und habe sonst kein Geld.« »Ach so, dann warte ein wenig, ich will schauen, ob ich das Kleingeld zusammenbringe.« Die Frau Pfarrer schloß die Tür nun endgültig und ich blieb in der eisigen Kälte zurück. Nicht einmal in den Windfang ließ sie mich. Die Bise heulte um die Hausecke, und ich drückte mich ganz eng an die Hauswand. Aber auch das nützte nicht viel. Vom Kirchturm schlug die Glocke vier dumpfe Schläge. Meine Augen ließen die Uhr nicht mehr los. Manchmal hatte ich das Gefühl, daß die Uhr stehengeblieben sei, dann nahm der Zeiger doch wieder einen Ruck. Meine Beine, Füße und Hände wurden zu Eisklumpen. Die Bise trieb mir die Tränen in die Augen, und ich weinte auch aus Verzweiflung. Die Zähne fingen an zu klappern, und ich zitterte. Eine Minute um die andere verstrich, und die Türe blieb immer noch geschlossen. Dann schlug es schon halb fünf und nichts bewegte sich. Allmählich zog die Dämmerung ins Land, und ich getraute mich nicht von der Tür weg, denn das Geld mußte ich haben. Der Zeiger der Uhr schlich nun langsam aufwärts. Eine Minute war für mich eine Ewigkeit. Nun hörte ich, wie an der Vorderfassade ein Fensterladen geschlossen wurde. Ich wurde aufmerksam, raste um die Hausecke und rief: »Frau Pfarrer, Frau Pfarrer.« Der Laden wurde wieder aufgestoßen, und die Pfarrerstochter streckte ihren hübschen Kopf zum Fenster heraus. »Was machst denn du hier, Rosmarie?« Sie sagte mir immer meinen vollen Namen. Nun versagte mir die Stimme und ich heulte los. »Warte, ich komme«, hörte ich sie von oben sagen. Und wirklich mußte ich nicht mehr lange warten, bis sich die Haustüre öffnete. Sie sah auf das verzweifelte Bündel Mensch herunter und zog mich in den Windfang hinein. »So, Rosmarie, jetzt sagst du mir, was du hier machst.« Aber es dauerte noch ein Weilchen, bis meine Tränen versiegt waren. Dann erzählte ich, daß ich seit einer Stunde vor der Tür gestanden sei und auf das Geld gewartet hätte für die Strümpfe. »O je«, sagte das Fräulein, »die Mutter muß dich wohl vergessen haben, ich hole dir nun das Geld.« Ich wußte genau, daß die Frau Pfarrer mich nicht vergessen hatte. Sie wollte nur, daß ich wegging, sie machte es immer so. Einmal ging ich wirklich fort; dieses Geld haben wir nie bekommen.

Es war angenehm im Windfang. Aber die Tränen schossen mir von neuem in die Augen, denn liebe Worte ertrug ich fast weniger als harte, sie rührten mich immer sehr. Das Fräulein brachte mir nun das Geld und auch noch ein Stück Brot. Mit dem Brot würgte ich meine Tränen hinunter und machte mich auf den Weg.

Füße und Beine taten mir schrecklich weh vor Kälte. Mein innigster Wunsch war es, nie mehr zu der Eule gehen zu müssen. Leider wurde er nicht erfüllt. Aber manchmal hatte ich Glück, wenn der Herr Pfarrer oder eines von den Kindern öffnete. Da durfte ich immer in den Windfang treten, und es dauerte nie so lange, bis ich das Geld bekam.

Inzwischen war es dunkel geworden, und ich fürchtete mich wahnsinnig. Immer wieder streckte ich die Hand aus in der Hoffnung, daß Jesus mich führen würde. Das war stets mein Trost, wenn ich Angst hatte. Als ich bei der Krämerin ankam, wußte ich beim besten Willen nicht mehr, was ich kaufen sollte. Mit den Augen suchte ich die Regale ab, aber es schien, daß auch mein Hirn eingefroren war. Auf dem ganzen Hinweg hatte ich noch leise vor mich hergesagt, was ich kaufen sollte, und jetzt war alles wie weggeblasen. Was da nicht alles herumstand und -hing. Meine Augen blieben an einem blauen Kopftuch mit Alpenblumen hängen. Die Enziane leuchteten prächtig. Da kam ich an die Reihe. Die Krämerin fragte, was ich wollte. Ein paar Sachen fielen mir wieder ein, aber nicht mehr alles. »He, Rosi, träumst du?« Ja, ich träumte, ich stellte mir vor, wie stattlich die Mutter in diesem Kopftuch aussehen würde. Stotternd fragte ich nach dem Preis von diesem Wunderstück. Vier Franken, war die Antwort der Krämerin. Erschrocken hielt ich die Hand vor den Mund und erwiderte: »So viel habe ich nicht.« Ich wußte genau, wie hoch meine Barschaft war, die ich so lange zusammengespart hatte: Es waren genau drei Franken und zwanzig Rappen, die ich mit noch steifen Fingern aus dem Taschentuchzipfel klaubte und auf den Ladentisch legte. Die Krämerin zählte nach. »Ja, es fehlen noch achtzig Rappen.« Mit bangen Augen schaute ich zu ihr auf, dann wieder auf das Kopftuch. Ich fragte sie, was ich sonst noch haben könnte für diesen Betrag. In ein paar Tagen sei Weihnachten und ich hätte das Tuch so gern der Mutter geschenkt. Sicher würde es die Mutter sehr freuen. Die Krämerin ließ sich erweichen und sagte: »Also, Rosi, ich gebe dir das Kopftuch.« Ich glaubte, nicht richtig gehört zu haben, ich konnte es nicht fassen. In mir jubelte und jauchzte es vor Freude, als ich mich mit meinem Schatz auf den Heimweg machte. Vorbei waren alles Leid und die Angst, die

Nacht schien mir lange nicht mehr so schwarz. Am Dorfausgang stand plötzlich mein Bruder Johannes vor mir, der für ein paar Tage nach Hause gekommen war. »Rosi, wo warst du so lange? Du solltest längst zurück sein. Nun muß ich die Milch holen. Warte, das werde ich dir heimzahlen.« Er drosch erbarmungslos auf mich ein. Er achtete nicht, wohin seine Fäuste trafen. »Du bist eine faule, dumme Kuh. Die Mutter hat auch gesagt, daß sie dich noch in eine Anstalt stecken wird.« Da war es wieder, das Wort »Anstalt«, das ich so fürchtete. Aber warum sollte ich in eine Anstalt, ich hatte doch nichts getan? Johannes sagte, daß mich auch von der Mutter noch Schläge erwarteten. Ich kam gar nicht zu Wort. Wie gerne hätte ich dem Bruder erzählt, was ich für ein schönes Geschenk hatte. Die ganze Freude war dahin und machte einer schrecklichen Angst Platz. Die Tasche lastete jetzt schwer an meinem Arm, und auch die Kälte spürte ich wieder. Ich verzweifelte fast. Daß ich mit soviel Dummheit geschlagen war, bedrückte mich sehr. Denn das mußte ich jeden Tag hören: Dumm und dick, da weiß man, was man hat. Ich wünschte mir, daß ich schwer krank würde, da müßten sie einmal um mich Angst haben. Auf einmal hielt ich es nicht mehr aus, und ich schrie, schrie in die Nacht hinaus, um mein Leid loszuwerden. Sterben wäre auch schön gewesen, denn dann hätte ich nicht mehr nach Hause gemußt. Ich hielt den

Atem an – ich dachte, vielleicht könnte ich so sterben –, aber ich hielt es nicht lange aus. So ging ich in Gottes Namen heim. Dort bekam ich zuerst eine kräftige Ohrfeige. Erst als ich ausgeweint hatte, konnte ich erzählen, daß die Frau Pfarrer an allem die Schuld trug. Die Mutter sagte nur: »Also gut, so geh jetzt in die Küche und koche die Kartoffelsuppe für das Nachtessen.« In dieser Nacht schlief ich zwar auf dem Kopftuch, das auch noch einige Tränen abbekam, aber die große Freude war dahin.

Weihnachten

In zwei Tagen war Weihnachten. Für einmal ging es friedlich zu bei uns. Franz und Johannes waren beide zu Besuch. Den ganzen Tag putzte ich und räumte auf. Sogar den Stubenboden schrubbte die Mutter, bis man den hellen Tannenboden wieder sah. Die Mutter half mir beim Kochen, das war schön. Wir sangen sogar einige Lieder. Nach dem Abendessen erklärte Franz, daß er noch ins Dorf wolle: Der Turnverein feiere Weihnachten und sie hätten ihn eingeladen. Wir waren sehr enttäuscht, denn wir hörten ihm gerne zu, wenn er von seinen Erlebnissen in der Lehrstelle erzählte. – In der Nacht wurde ich von einem Lärm aufgeweckt. Franz kam nach Hause, total betrunken. Er erbrach sich über die Nähmaschine auf den frisch geputzten Stubenboden. Die Mutter brachte ihn ins Bett, fing wieder an zu putzen, und weinte bittere Tränen aus Angst, daß er nun gleich enden werde wie Vater.

Am nächsten Tag erzählte Franz, die Turner hätten ihn besoffen gemacht. Ihm sei schon nach dem ersten Glas schwindlig geworden, dann hätten sie ihm immer wieder nachgeschenkt. Er habe gar nicht bemerkt, wie betrunken er sei, bis er aufstehen wollte. Nicht einmal mehr stehen konnte er, und zwei Burschen mußten ihn nach Hause schleifen.

Die Mutter sagte zu ihm: »Nun hast du gesehen, wie gefährlich Alkohol ist. Besser, man läßt die Hände davon. Der Alkohol bringt nur Unheil und nichts Gutes. Du hast sicher nicht vergessen, was wir mit Vater erlebt haben.« Franz begriff es und er ekelte sich, wenn er nur daran dachte, wie elend es ihm gewesen war. Mutter mußte nun keine Angst mehr haben, wir sahen ihn nie mehr betrunken. Nur auf der Nähmaschine blieb ein häßlicher Fleck zurück, der uns immer an das Ereignis erinnerte.

Gegen Abend schmückten wir den kleinen Christbaum, den wir für einen Franken beim Förster erstanden hatten. Mit Sorgfalt wurden die Kugeln und Wachsengel an den Baum gehängt. Von der Tür her hörte man ein Getuschel und Stoßen, denn die zwei Kleinen mußten draußen bleiben und stritten um das Schlüsselloch. Endlich war es soweit, wir konnten die Kerzen anzünden. Inbrünstig sangen wir alle Weihnachtslieder, die wir in der Schule gelernt hatten. Anschließend saßen wir Kinder auf dem Ofen und lauschten der Geschichte, die uns Mutter vorlas. Es war friedlich und schön. Einzig daß Vater nicht mehr unter uns weilte, trübte die Freude etwas. Auf seinem ehemaligen Bett lagen auch noch ein paar Geschenke. Die Großen erhielten etwas zum Anziehen und die Kleinen Spielsachen. Ich war gespannt, was Mutter sagen würde zu dem schönen Kopftuch. Als sie das Tuch in den Händen hielt, liefen ihr doch ein paar Tränen über das Gesicht. »Aber Rosi, wo hast du denn das Geld her?« Mit Stolz sagte ich, ich hätte es gespart und die Krämerin hätte mir noch achtzig Rappen geschenkt. Auch Dani kam mit einem Geschenk für Mutter. Er hatte eines seiner Holztierchen genommen und daraus ein Päckli gemacht. Er war außer sich vor Freude, daß er auch eine Gabe hatte. Klein Vreneli war besonders schlau. Sie hatte Dani ein Spielzeugauto entwendet und es der Mutter geschenkt. Dani merkte es natürlich sogleich und wollte auf die Kleine losgehen. Aber Mutter beschwichtigte ihn und versprach, ihm das Auto zurückzugeben. Glücklich und zufrieden schlüpften wir an diesem Abend in unsere Betten.

Am 31. Dezember bekam ich heftige Zahnschmerzen, immer schlimmer wurde es. Mutter legte mir Schafwolle auf die Wange und band sie mit einem Tuch fest. Es half alles nichts. Da schaute sie im Doktorbuch nach. Darin stand, daß man Speisenelken auf den schmerzenden Zahn legen und kräftig darauf rumbeißen sollte. Den ganzen Abend kaute ich Nelken, aber es wurde nicht besser. In dieser Nacht tat ich fast kein Auge zu. Auch am Neujahrstag hatte ich wahnsinnige Schmerzen. Am Tag darauf war ein Auge fast zugeschwollen. Endlich durfte ich zum Doktor, um den Zahn ziehen zu lassen. Seine Haushälterin mußte mir den Kopf halten.

Sie drückte so fest zu, daß ich nicht mehr unterscheiden konnte, was mir größere Schmerzen bereitete. Mit einem großen Loch im Mund und einem Stockzahn in der Tasche ging ich heim. Unterwegs kam mir in den Sinn, daß ich die zwei Franken fürs Zahnziehen vergessen hatte zu bezahlen, und ich kehrte noch einmal um.

Nach einigen Tage löste sich dann noch ein Splitter von meinem schwer verletzten Kieferknochen.

Das Fahrrad

Endlich durfte ich Radfahren lernen. Zuerst machte ich ein paar Trockenübungen, wie zum Beispiel die Balance halten. Dann versuchte ich, ein Pedal zu treten. Erst nach diesen Übungen getraute ich mich, ganz aufzusitzen. Umfallen durfte ich auf keinen Fall, eine Reparatur des alten Rades hätten wir uns nicht leisten können.

An einem schönen Frühlingstag mußte ich ins Dorf, um Brot zu kaufen. Da erlaubte mir die Mutter, auf den Nebenstraßen das Fahrrad zu benutzen. Auf die Hauptstraße durfte ich nicht, das sei zu gefährlich wegen der Autos. Unterwegs überlegte ich, daß ich viel schneller wäre, wenn ich bis ins Dorf radelte. Bei der Hauptstraße stieg ich ab und schaute nach links und rechts. Alles war menschenleer. Kein Auto weit und breit. Da immer noch Krieg war, sah man sowieso selten eines. Ich nichts wie los. Auf den Sattel konnte ich mich nicht setzen, ich war noch zu klein. Problemlos schaffte ich es bis zum Bäcker und machte meine Einkäufe. Ich hatte Freude, so schnell zu sein. Rasch stieg ich wieder auf und radelte heimwärts. Doch was hörte ich auf einmal in der Ferne – ein Rattern, das schnell näher kam. O Schreck, ein Auto! Ich betätigte die Bremse und hielt das Rad an. In panischer Angst legte ich das Gefährt mitten auf die Straße und rettete mich das steile Straßenbord hinauf. Mit geschlossenen Augen saß ich da und wartete auf das Krachen. Da hörte ich Bremsen knirschen, und als ich aufsah, stoppte das Auto vor dem Rad. Ein älterer Mann rief mir zu: »Komm, Mädchen, nimm dein Fahrrad, du mußt nicht davonrennen, nur auf die Seite gehen, dann geschieht dir nichts.« Ich war sehr erstaunt, daß er mich weder verdrosch noch ausschimpfte. So etwas gab es für mich doch gar nicht. Freundlich erklärte er mir noch, wie ich mich in Zukunft zu verhalten habe, und fuhr dann winkend davon. Das Schauspiel war nicht ohne Zuschauer geblieben. Ein Knecht, den ich kannte, hatte alles gesehen und lachte mich aus. Ich schob nun das Rad, bis ich wieder auf der Nebenstraße anlangte, denn ein Risiko wollte ich nicht noch einmal eingehen. Die Angst saß mir noch immer in den Knochen. Unterwegs entschloß ich mich, der Mutter von dem Vorfall nichts zu erzählen. Einige Wochen später kam trotzdem alles heraus. Der besagte Knecht kam zur Mutter, um sich einen Pullover stricken zu lassen. Bei dieser Gelegenheit hänselte er mich mit der Fahrradgeschichte, und meine Tat kam ans Tageslicht. Zur Strafe mußte ich in Zukunft wieder zu Fuß gehen.

Mit dem Fahrrad nach Bern

Der Arzt hatte bei der obligatorischen Schuluntersuchung entdeckt, daß ich etliche Löcher in den Zähnen hatte. Da die Jungfer Witschi wie gewohnt kein Geld für uns hatte, mußte ich nach Bern in die Poliklinik, denn dort wurden armen Leuten die Zähne umsonst geflickt. Auf die Frage der Mutter, wie ich denn nach Bern gelangen sollte, meinte die Jungfer: natürlich mit dem Fahrrad. Gesagt, getan, ich fuhr eines schönen Tages mit dem Rad das Gürbental hinunter. Die Warnung der Mutter, nicht zu schnell zu fahren, war vergessen. Ich ließ mir den Wind um die Ohren pfeifen und genoß die schnelle Fahrt. Etliche Male mußte ich nach dem Weg fragen, bis ich endlich in der Zahnärztlichen Poliklinik in Bern anlangte. Angstvoll suchte ich den Eingang. Ich wußte fast nicht, wie mich ausdrücken, als ich vor dem Anmeldeschalter stand. Dort schickte man mich dann in ein vollgestopftes Wartezimmer, wo ich lange saß, bis die Reihe an mir war. Scheu kletterte ich auf den Marterstuhl. Als der Zahnarzt mein Gebiß angeschaut hatte, sagte er: »Mädchen, das sieht nicht gut aus, du wirst einige Male kommen müssen, und es wird sehr schmerzvoll für dich sein. Es sind einige Wurzelbehandlungen notwendig. Schmerzspritzen kann ich dir keine geben, denn die müßtet ihr bezahlen.« Es war mir klar, daß das nicht ging. Nach einer Stunde war die erste Prozedur zu Ende und ich durfte nach Hause. Der Nachhauseweg war dann ziemlich mühselig, ich mußte viel gehen, weil der Weg zu steil war zum Fahren.

Einige Male ging ich noch zusammen mit Dani, da er sich auch behandeln lassen mußte.

Der Zahnarzt war ein älterer, sehr lieber Mann. Er schenkte mir eine schöne neue Zahnbürste und Zahnpasta. Immer wieder fragte er mich, was mich bedrücke, ich solle es ihm erzählen. Es sei doch nicht möglich, daß ein Kind so ernst sei, mich beunruhige doch etwas. Es war mir unmöglich zu erzählen, wie schlecht es uns ging. Im übrigen hatte ich wenig Vertrauen zu den Menschen, zu oft war ich von ihnen enttäuscht worden. Helfen konnte er ja doch nicht. Aber immer wieder drang er in mich und wollte mein Geheimnis ergründen. Doch ich mochte nichts verraten. Jedesmal sagte er: »Mädchen, du bist ein Rätsel.«

Einmal, als Dani zum Zahnarzt mitkam, mußten wir noch Samen für Mutters Garten einkaufen. Das Rad sollten wir auf dem Bahnhof lassen und zu Fuß gehen. Wir hielten uns aber nicht an diese Anweisung und radelten los, bis uns plötzlich ein Polizist anhielt. Er herrschte uns an, das sei eine Einbahnstraße und da dürfe man nicht durchfahren. Dann wollte er wissen, woher wir kämen. Als er hörte, daß wir schon einen weiten Weg hinter uns hatten, wurde er ein wenig sanfter und sagte: »Für dieses Mal lasse ich euch noch gehen, aber das nächste Mal« – und er schaute uns dabei scharf an und erhob den Zeigefinger – »stecke ich euch ins Loch.« Auf dem Nachhauseweg versprachen wir einander, der Mutter nichts zu erzählen. Es ging gut, bis Dani einmal zornig über mich war. Da verriet er Mutter alles. Diese meinte, es wäre schade, daß mich der Polizist nicht ins Gefängnis gesteckt hätte bei Wasser und Brot, dort hätte ich vielleicht einmal gehorchen gelernt.

Grauen und Schrecken

Den ganzen Nachmittag über war es sehr heiß und schwül gewesen. Am Abend brach dann ein mächtiges Gewitter los; es blitzte und donnerte ununterbrochen. Wie immer in solchen Nächten weckte uns die Mutter auf. Sie zog uns die besten Kleider und Schuhe an und packte das Wertvollste in ein Tuch. Jedes hatte auf dem Diwan sitzend sein Bündeli griffbereit. Wir mußten gerüstet sein, falls ein Blitz einschlug. Meistens schliefen wir wieder ein. Doch in dieser Nacht gab es keine Ruhe, denn es war ja noch Krieg. Immer häufiger hörten wir nachts die brummenden Flugzeuge am Himmel. Die Fenster waren mit Wellpappe verdunkelt worden. Jeden Abend mußte sie aufgehängt werden, so daß kein Lichtstrahl nach draußen drang. Kurz nach Mitternacht gab es einen furchtbaren Knall. Das ganze Haus bebte und knarrte, es wurde dunkel. Wir rasten zum Fenster und rissen die Pappe weg, um sehen zu können, was geschehen war. Vor unseren Augen lief ein grausiges Schauspiel ab: Überall war Feuer, fürchterlicher Lärm und Gebrüll. Wir rannten aus dem Haus. Der ganze Mühlenrain stand in Flammen und der Himmel wurde blutrot. Wir wußten nicht, was geschehen war. Aus allen Häusern kamen Leute und es gab ein furchtbares Durcheinander. Erst am nächsten Morgen, als wir zur Schule gingen, erfuhren wir, was geschehen war: Unser Dorf war bombardiert worden. Schon als man in die Nähe des Dorfes kam, sah man die ersten Verwüstungen. Die Häuser standen da ohne Fensterscheiben. Je näher wir dem Dorf kamen, um so schlimmer wurde es. Der Lehrer stand vor dem Schulhaus und schickte uns wieder nach Hause. Ich ging natürlich nicht zurück. Ich mußte sehen und hören, was geschehen war: Das alte Schindelhaus mitten im Dorf war wie vom Erdboden verschluckt; nur noch ein rauchender Haufen war übriggeblieben. Eine Menge Leute redete durcheinander. In der Nacht seien in der Moosmatt eine fünfhundert Kilogramm schwere Brisanzbombe, eine Splitterbombe, etwa fünfundzwanzig Phosphorbrandbomben und etwa zweihundert Stabbrandbomben abgeworfen worden. Im Umkreis von einem Kilometer war die Umgebung verwüstet. Die Splitterbombe war nicht explodiert. Die Leute erzählten, daß in der Moosmatt das Kleinkind vom Kinderbett zu den Eltern ins Bett geflogen sei. Die Häuser weit und breit hatten keine Ziegel mehr auf den Dächern, überall regnete es hinein. Eine Frau sei auf der Laube gestanden und habe gesehen, wie das alte Haus neben ihr in Flammen aufging. Vor Schreck wollte sie einen Schritt zurücktreten, als etwas sie am Arm streifte. Es war eine Stabbrandbombe ... und sie konnte durch das Dach in den Himmel schauen. Im unteren Stock brannte schon der Wohnzimmerteppich.

Die Leute versuchten, das Feuer mit Wasser zu löschen, aber da war nichts zu machen. Mit Sand hätte man dem Feuer zu Leibe rücken müssen, aber es war nirgends welcher zu finden. Von der frisch gekiesten Straße kratzten die Menschen die Steinchen zusammen und bekamen den Brand so unter Kontrolle. Wie durch ein Wunder waren alle Dorfbewohner am Leben geblieben. Nur ein schlimmes Chaos herrschte überall, alle waren aufgeregt und rannten durcheinander. Viele Soldaten kamen, um ein wenig Ordnung zu schaffen. Es roch nach Schwefel und Rauch. Manche Bäume waren geknickt wie Zündhölzer. Unendliches Glück hatten wir alle gehabt, daß die fünfhundert Kilogramm schwere Bombe ins Moos gefallen war und nicht ins Dorf. Da wäre nichts mehr übriggeblieben. So richtete nur der gewaltige Sog riesige Schäden an. Das ganze auf dem Heimwesen gewachsene Getreide mußte verbrannt werden, weil es derart nach Schwefel stank, daß es ungenießbar geworden war.

Den ganzen Vormittag hatte ich zu tun, um alles anzusehen und zu hören, was die Leute erzählten. Auf dem Nachhauseweg schaute ich noch schnell beim Feuerwehrhäuschen vorbei. Dort gab es ebenerdig einen Raum mit einem vergitterten Fenster, der als Gefängnis diente. Immer wieder zog es mich dorthin. Hinter dem Gitter saß nämlich ein Mann, der, wie er mir erzählt hatte, zu spät eingerückt war, weil er die Grenze nicht passieren konnte. Als er dann endlich seine Einheit gefunden hatte, sperrte man ihn ein. Ich und ein paar andere Kinder gingen nun jeden Tag bei ihm vorbei, um ihm Zigaretten zu kaufen. Ein wenig schauerlich war es mir aber schon zumute, wenn ich mich mit dem bärtigen Mann, der keine Hosenträger und keine Schuhbänder hatte, durchs Gitter unterhielt.

Die Kündigung

Im Herbst teilte uns Weißhaar mit, daß er das Haus verkauft hätte. Er selbst besäße noch Wohnrecht auf Lebenszeit, aber für uns sei kein Platz mehr vorhanden. Nun mußte die Mutter auf Wohnungssuche gehen. Eine Witwe mit fünf Kindern wollte aber niemand haben. Die Kinder könnten ja allerlei kaputt machen, und für den Zins gebe ihnen auch niemand Sicherheit. Überall, wo Mutter eine Möglichkeit sah, fragte sie nach. Nirgends fand sie etwas. Der Umzugstermin rückte immer näher, aber eine Wohnung fanden wir nicht. Zuletzt bat die Mutter noch den Gemeindeschreiber um Hilfe. Dieser versprach, sich für uns einzusetzen. Bald erhielten wir einen Brief, daß er etwas gefunden habe. Die Gemeinde hatte einen Mann ins Irrenhaus gesteckt und dessen Wohnung sollten wir nun bekommen. Wir waren alle sehr froh über diese Wende. Aber nicht für lange. Als wir erfuhren, wohin wir sollten, standen uns die Haare zu Berge: In die »Läusehütte«, die weit und breit verschrien war und in der nur »Pack« wohnte. Ich protestierte heftig: »Die können uns doch nicht dorthin verlochen!« Die Mutter erwiderte traurig, daß wir keine andere Wahl hätten und in den sauren Apfel beißen müßten, wenn wir zusammenbleiben wollten. Sie bekomme sonst nirgends eine Wohnung. Sie gehe ja auch nicht gerne, aber wir hätten dafür einen kürzeren Schulweg. So kam der Tag, an dem wir unsere Habe zusammenpacken mußten. Es hieß Abschied nehmen von den vertrauten Ecken, vom Brunnen, vom Obstgarten, von den Blumen und sonst von allem, was uns lieb geworden war.

Bald kam der Götti mit Pferd und Wagen und führte unser Hab und Gut in das fremde, gefürchtete Haus. Dort angekommen, waren wir sehr überrascht, als wir die Küche sahen. Der Boden war ausgelegt mit weißen Plättli. Es standen zwar noch zwei Kochherde darin, weil sich früher zwei Familien hier hatten versorgen müssen, aber das war – gottlob! – nicht mehr der Fall. Die Küche gehörte uns allein. Nur Wasser hatten wir keines und mußten es beim Nachbarn am Brunnen holen. Die Zimmer waren heimelig, und wir konnten uns ganz gut einrichten. Vom Vorgänger stand noch ein großer Tisch in der Küche, den wir gebrauchen durften. Es tat uns gar nicht mehr so leid, daß wir hier wohnen mußten. Unsere neuen Nachbarn halfen uns beim Abladen, und wir merkten, daß sie ganz nett waren.

Als wir eingerichtet waren, sah es bei uns recht manierlich aus. Die Küche mit den weißen Plättli am Boden war zwar sehr heikel, aber gut zum Putzen. Die hatte einmal ein italienischer »Muratore« verlegt, als er hier wohnte. Auch sonst hatte er noch viel zurechtgemacht, von dem wir profitieren konnten.

In der schönen Stube stand das Bett der Mutter und an dessen Fußende Vrenelis Kinderbettchen. Auch die Kommode mit der Waschschüssel und dem Krug, der Diwan und das Buffet wurden hier plaziert. Mitten im Zimmer stand noch der Tisch mit vier Stühlen. In der kleinen Kammer wurden Danis und mein Bett aufgestellt. Ich hatte nun, Gott sei Dank, ein eigenes. Die Strickmaschine wurde zum Fenster hin gestellt, und wir waren eingerichtet.

Irgendwie ging es uns hier besser, die Räume waren heller, und wir hatten mehr Platz zur Verfügung. Das Haus war sehr alt und hatte ein mächtiges Schindeldach. Darunter wohnten nun ziemlich zufriedene Menschen. Die Mutter hatte sich auf jeden Fall zu ihrem Vorteil verändert, und ich bekam nur noch selten Schläge. Holz hatten wir von unserem Vorgänger geerbt, jedoch es hatte seine Tücken: Wir mußten jedes Klötzchen zuerst untersuchen, bevor wir es in den Ofen stecken konnten. Immer wieder fanden wir Scheiter, die angebohrt und mit Sprengstoff gefüllt waren. Der Irre hatte geglaubt, es werde ihm Holz gestohlen, und sorgte daher dafür, daß alles in die Luft fliegen würde, wenn man es in den Ofen steckte. Die Leute, die über uns wohnten, hatten uns gewarnt, denn sie wußten vom Treiben des Mannes.

Der Offizier

In unser Dorf kamen wieder einmal viele Soldaten, und es fehlte an Schlafstellen für die Offiziere. So wurde in jedem Haus nachgefragt, ob nicht ein Bett zu haben sei. Mutter entschloß sich, die gute Stube und ihr Bett zur Verfügung zu stellen. Da konnte sie noch ein paar Franken dazuverdienen. Noch am gleichen Tag zog der junge Offizier bei uns ein. Waren wir stolz, einen so noblen Herrn in unserer Wohnung zu haben! Auch eine Ordonnanz kam jeden Tag, um sich um die Kleider des Offiziers zu kümmern. Mit grossen Augen schauten wir zu, wie der Herr verwöhnt wurde. Nur für uns wurde es in dieser Zeit eng. Ich mußte mein Bett mit der Mutter teilen, und unser Leben spielte sich in dieser Kammer ab. Aber wir nahmen alles gerne in Kauf, wenn wir an das Geld dachten und was wir damit alles kaufen konnten. Einen ganzen Monat blieb der Offizier bei uns. Mit uns wechselte er fast nie ein Wort. Er stand weit über uns. Eines Tages sagte er der Mutter, er reise am nächsten Tag ab, und wollte wissen, was er schuldig sei. Mutter wußte nicht, was sie verlangen sollte und sagte, er solle geben, was er für richtig halte. Am nächsten Morgen war unser Offizier ausgezogen – ohne ein Abschiedswort und ohne uns einen Rappen zu hinterlassen. Wir schauten überall nach, doch vergebens. Unsere Träume vom Einkaufen konnten wir somit auch begraben.

Jugendskilager

Aus unserem alten Radio mit dem Pergamentlautsprecher schepperte Musik. Plötzlich wurde sie durch eine Stimme unterbrochen. Interessiert hörten wir auf die Worte. Es war die Rede vom Schweizerischen Jugendskilager und daß Buben und Mädchen die Möglichkeit hätten, gratis in die Ferien zu reisen. Die Mutter schrieb die Adresse auf und meldete mich sofort an. Nach einiger Zeit bekamen wir eine Mitteilung, daß das Los auf mich gefallen sei und ich mit fünfhundert Mädchen nach St.Moritz fahren könne. Beigelegt fanden wir eine Liste, wo fein säuberlich aufgeschrieben stand, was ich alles mitzubringen hatte. Uns wurde fast schlecht, woher sollten wir all das nehmen. Mutter zählte ihre Barschaft. Dann nahmen wir den Jelmoli-Katalog hervor, um zu sehen, was wir vielleicht erstehen konnten. Skihosen waren viel zu teuer, deshalb schauten wir bei den Stoffen nach. Dort fanden wir einen billigen Zellstoff, der sich eignete. Mutter schnitt mir den Stoff dann zu, und ich nähte die Hose nach ihrer Anleitung. Aber jetzt sollte ich noch eine Jacke haben. In einer Schachtel bewahrten wir Stoffreste auf. Die wurde nun hervorgeholt und die Stücke zusammengesetzt. Hellgrün und beige brachten wir genug zusammmen, so daß es daraus eine Jacke gab.

Einen Pullover und Strümpfe strickte mir die Mutter, Kappe und Sportsocken fertigte ich am Abend selber an. Einen Rock fanden wir dann noch in dem Paket, das wir für die Lebensmittelmarken bekommen hatten. Nach einigen Änderungen paßte auch der mir wie auf den Leib geschnitten. Vorschrift wäre gewesen, von allem zwei Stück mitzubringen, aber das hätten wir nie geschafft.

Nun brauchte ich noch Skier und Stöcke, eigene besaß ich nicht. Da wurde uns klar, auf was wir uns eingelassen hatten und daß auch Gratisferien nichts für arme Leute sind. Franz borgte mir schließlich seine 2,30 m langen Skier, dazu ein paar Haselstöcke, deren Ränder mit Schnüren geflickt waren. Damit war meine Ausrüstung für den Schweizerhof in St.Moritz komplett. Nur den Lehrer mußte ich noch um Erlaubnis fragen, denn bei uns waren noch keine Ferien. Er war einverstanden und somit stand meiner Reise nichts mehr im Wege. Wenn mir nur nicht die Hälfte gefehlt hätte – so mußte ich wieder mit einem schlechtem Gewissen antreten.

Der große Tag war gekommen, ich konnte meine langen Bretter schultern. Die Länge hatte wenigstens den Vorteil, daß ich sie nie suchen mußte, sie ragten immer über alle anderen hinaus. Da mein Bruder Franz am selben Tag in den Militärdienst einrücken mußte, marschierten die Mutter, Franz und ich zusammen nach Thurnen. Mutter mußte mich begleiten, das war Vorschrift. Im Bahnhofwartesaal 3. Klasse in Bern traf ich auf die anderen. Wir erkannten einander am Abzeichen am linken Ärmel, auf das ich mächtig stolz war.

Wir fuhren nach Olten, Zürich, den Walensee entlang nach Chur. Dort trennten wir uns von den Knaben; die fuhren weiter nach Arosa, wir nach St.Moritz. Am Abend um 18.30 Uhr trafen wir dort ein. Empfangen wurden wir von den Pfadfindern und einer flotten Militärmusik. War das wunderschön, eine Musik für uns allein. Nachher marschierten wir, begleitet von der Musik, durchs Dorf. Viele Leute standen am Straßenrand und jubelten uns zu.

Im Hotel bekamen wir die Zimmer zugeteilt. Nur ein Einzelzimmer blieb übrig. Die Leiterin, Fräulein Siegfried, schaute uns der Reihe nach an. Dann sagte sie zu mir, sie glaube, daß ich gut allein sein könne, und wies mir das Zimmer zu. Mir war es sehr recht, so sah niemand, wie wenig ich in meinem Koffer hatte.

Ich wurde der Faßmannschaft zugeteilt, wir durften die herrlichen Spaghetti und die Apfelschnitze aus der Küche holen. Nach dem Abendessen versammelten wir uns auf dem Dorfplatz und wurden vom Lagervater begrüßt. Wir lernten noch den Lagerruf: »St. Moritz, Ju, Schi, La, Schi Heil.« Ich konnte vor Rührung fast nicht sprechen, es war alles so gewaltig und wunderschön. Immer wieder mußte ich die aufsteigenden Tränen hinunterschlucken. – Um halb neun durften wir ins warme, schöne Bett schlüpfen. Fräulein Siegfried ging noch von Zimmer zu Zimmer, wünschte allen eine gute Nacht und löschte das Licht aus.

Ich konnte nicht so schnell einschlafen, zu viele Erlebnisse stürmten auf mich ein.

Am nächsten Morgen, als ich erwachte, wußte ich zuerst nicht, wo ich war. Erst jetzt sah ich, wie vornehm ich wohnte. Ringsum war alles mäuschenstill. Ich geriet in Panik und lief auf den Gang hinaus. Aber nirgends war ein Laut zu hören. Ich öffnete eine Tür. Dort lagen alle noch in tiefem Schlaf. Meine Angst, ich hätte verschlafen und die Mädchen seinen schon fort, war überflüssig gewesen.

Am Vormittag mußten wir alle mit unseren Skiern zum Kulm. Dort führte ich meine erste Probefahrt aus, denn wir sollten entsprechend unseren Leistungen in Gruppen eingeteilt werden. Über einen Hügel sausen und unten einen Christiania machen, das konnte ich freilich. Obwohl mir der Chrigel nur zur einen Seite hin gelang, kam ich in die beste Gruppe. Es freute mich wahnsinnig, auch einmal etwas geschafft zu haben. Am dritten Tag fuhren wir mit dem Bähnli auf den Corviglia und von dort ins Tal hinunter. Am Abend gab es eine Überraschung: Alle Mädchen mußten mit einem

Skistock auf dem Dorfplatz erscheinen. Dort wurde uns eine Fackel in die Hand gedrückt, und wir marschierten damit bis zum Hotel Schweizerhof, wo der fünf Meter große Schneehase Emil eingeweiht wurde. – Jeden Abend erlebten wir etwas Schönes. Einmal gingen wir gruppenweise ins Schulhaus, wo uns ein Lehrer ein romanisches Lied beibrachte.

Richtig Skifahren wurde uns auch gelehrt. Es gelang mir nicht immer alles mit meinen langen Brettern. Einmal gingen wir auf eine lange Skitour. Für den Aufstieg bekamen wir Felle. Ich war den Tränen nahe, denn ich kam damit nicht vorwärts, die Skier waren viel zu schwer. Immer wieder mußten die anderen auf mich warten. Am nächsten Tag durfte ich nicht mehr mit und wurde einer anderen Gruppe zugeteilt. Ich schämte mich sehr, wieder versagt zu haben, denn ich bezog es natürlich auf mich und nicht auf die unmöglichen Skier. Trotz allem waren meine ersten und für lange Zeit letzten Ferien wundervoll, ein einmaliges Erlebnis.

Die schönen Erinnerungen wurden aber bald wieder getrübt. Kurz nach den Ferien bekam ich Streit mit einer Mitschülerin. Sie demütigte mich andauernd, hielt mir unsere Armut vor und sagte, was das schlimmste war, die Pro Juventute hätte ja meine Ferien bezahlt. Da konnte ich mich nicht mehr zurückhalten und warf ihr einiges über ihren Vater an den Kopf. Von diesem erzählte man sich nämlich im Dorf, daß er immer mit den Mägden in den Wald gehe. Darauf verdroschen wir uns nach Strich und Faden. Am nächsten Tag kam ihr Vater in die Schule, um mich beim Lehrer zu verklagen. Ich mußte vor die Tür. Da legte der Mann los. Ich solle nicht so hochnäsig tun, wenn mir die Pro Juventute schon die Ferien und die Kleider bezahlt habe. Da faßte ich Mut und erwiderte, niemand habe mir einen Dreck bezahlt, alles sei eine Lüge. Wutentbrannt wollte er auf mich losgehen, aber der Lehrer hielt ihn zurück. Da sagte er nur noch, er sehe jetzt, was ich für ein nichtsnutziges Vieh sei. Der Lehrer schickte mich wieder in die Schulstube zurück. Nach kurzer Zeit wurde ich ein zweites Mal hinausgerufen. Der Lump war zum Glück abgezogen. Ich dachte, nun erwartete mich wieder eine Tracht Prügel. Aber der Lehrer versuchte nur, mich zu beruhigen. Noch einmal sagte ich ihm, daß man uns nichts bezahlt habe. Es sei nun alles vorbei und ich solle den Vorfall vergessen, meinte er. Aber vergessen werde ich das alles wohl nie. Die Ungerechtigkeit war zu groß.

Der Bauer

Im Frühjahr fragte mich die Bäuerin von nebenan, ob ich in den Schulferien nicht bei ihnen aushelfen wolle. Mutter willigte nur ungern ein, denn ich war auch ihr schon eine große Hilfe. Doch zu guter Letzt ließ sie mich gehen. Ich mußte hart arbeiten, den ganzen Tag Kartoffeln setzen und den schweren Steinkratten schleppen. Am Nachmittag konnte ich dann ins Bauernhaus zurück, uns das »Zvieri« zubereiten, um es anschließend aufs Feld zu bringen. Das Essen war gut und ich hatte großen Hunger. Da merkte ich, daß mich die Bäuerin schief anguckte, wenn ich viel aß. Das machte mir angst. Ich nahm mich mächtig zusammen und bediente mich von da an nur noch einmal. Immer ging ich noch mit Hunger vom Tisch. Dafür wurden die Blicke freundlicher. Ich hätte alles getan, um nicht in Ungnade zu fallen.

Es wurde zusehends mehr von mir gefordert. Während der Heuernte mußte ich früh am Morgen das Gras zum Trocknen ausbreiten. Um halb elf auf den Hof zurück und das Mittagessen kochen. Anschließend abwaschen und dann wieder aufs Feld. Den ganzen Nachmittag war ich beschäftigt mit Heu wenden, binden und zusammenrechen. Dann war es bald wieder an der Zeit, das Abendessen zu kochen: Kartoffelsuppe und Kaffee.

Am schwersten jedoch fiel mir die Getreideernte. Da wurden zusätzlich Tagelöhner beschäftigt, und ich mußte noch mehr Leute verpflegen. Auch die Arbeit auf dem Feld war wahnsinnig anstrengend. Am Morgen mußte man das Getreide zum Trocknen auslegen und es am Nachmittag mit einer großen Holzgabel wieder einsammeln. Ich hatte manchmal fast nicht die Kraft, diese schweren Ladungen zu tragen; außerdem mußte man noch sehr geschickt vorgehen, sonst kippte einem beim Aufladen die ganze Fuhre um. Zu trinken gab's immer sauren Most aus dem Keller des Bauern. Für die Frauen wurde er zwar mit Zuckerwasser verdünnt, aber trotzdem war ich manchmal leicht beschwipst, denn ich hatte ja Durst und trank dementsprechend viel...

Immer öfters hatte ich schlimme Schmerzen an der Wirbelsäule. Aber ich sagte niemandem etwas, denn ich wollte meine Stelle nicht verlieren. Es gefiel mir gut, nie bekam ich ein böses Wort. Sogar Lohn erhielt ich: für jede gearbeitete Stunde einen Franken. Das war viel und wir konnten das Geld gut gebrauchen. So ging ich in allen Ferien hin und, wenn viel zu tun war, auch mal nach der Schule. In der restlichen Zeit half ich der Mutter und nähte mir einen großen Teil meiner Kleider selber.

Die Oberschule

Ich war nun in die Oberschule eingetreten. Von unserem neuen Lehrer hatte man nicht viel zu erwarten, soviel hatten wir schon in Erfahrung gebracht. Die erste Woche verbrachten wir damit, alle Hefte und Bücher mit Papier einzufassen. Die meiste Zeit war der Lehrer nicht in der Schulstube. Dann kam er herein und prüfte, ob die Ecken zum Stechen scharf gefaltet waren. Wenn nicht, zerriß er alles und man konnte von vorne anfangen. Nach einer Woche fing er an, Lektionen zu halten. Vor Unterrichtsbeginn mußte eines der Kinder ein Gebet sprechen, dann wurde ein Psalm gesungen. Darauf prüfte er uns meistens im Schnellrechnen. Bald hatte er auch schon sein Opfer gefunden. Einen Verdingbuben hatte er auf der Latte. Jeden Morgen näherte er sich dem Buben und gab ihm grundlos eine Ohrfeige. Er raste immer durch die Bankreihen und sagte, der Hausi müsse seine obligatorische Ohrfeige haben. Jeden Morgen blutete der Junge aus der Nase. Einmal wollte er sich wehren, da holte der Lehrer den Stock und drosch erbarmungslos auf ihn ein. Hausi konnte nachher fast nicht mehr gehen und blutete überall. Von da an ließ er die Ohrfeige wieder über sich ergehen.

Drei Klassen hatte der Lehrer zu betreuen, meistens gab er uns allen auch die gleichen Aufgaben zu lösen. Oft war er nicht anwesend, denn er saß in seinem Büro, wo er seine vielen »Nebenämtli« ausübte. Eines von uns mußte dann jeweils beim Schlüsselloch Wache stehen. Normalerweise wurden wir so rechtzeitig gewarnt und konnten unser turbulentes Treiben einstellen. Einmal wurde ein Mädchen zum Aufpassen bestimmt. Sie holte sich den Lehrerstuhl und postierte sich damit vor der Tür. Sie war aber unaufmerksam und sah den Lehrer nicht kommen. Wie immer riß dieser die Tür auf und flog fast über die Türwache. Potz Donner, nun ging es los. Der Reihe nach bekamen wir alle mit dem Stecken über den »Buckel«.

In Geographie lernten wir immer wieder die Längen- und Breitengrade und mußten danach Orte auf der Landkarte bestimmen. In Naturkunde beschäftigten wir uns zuerst mit Menschenkunde, was sehr interessant war; später erfuhren wir noch allerlei über Motoren. Singen war langweilig, weil wir stundenlang »Das Wandern ist des Müllers Lust« übten. Zeichnen brachte auch nicht viel. Der Lehrer stellte einen Papierkorb auf den Tisch und diesen sollten wir über Stunden hinweg abzeichnen. Nie hat er uns etwas gezeigt oder erklärt. Oft konnten wir zeichnen, was wir wollten. Auf diese Weise war er frei und konnte zu seinen »Nebenämtli«. Turnen wollte er mit uns Mädchen auch nicht. Zuerst stellte er dafür noch die Unterschullehrerin an, mit der er ein Gspusi hatte. Aber bald hatte diese auch keine Lust mehr. Da schickte er uns nach Hause, wenn Turnen auf dem Stundenplan stand. Auch gewisse Rechnungen, zum Beispiel das Flächenrechnen, fand er unnötig. Es habe gar keinen Sinn, uns das beizubringen. Wir sollten nach Hause gehen, das nütze mehr – und wir waren entlassen. In der Deutschstunde mußten wir das Verzeichnis der Bibliothek abschreiben. Auch die Hausordnung war sehr zeitraubend. Bis zur neunten Klasse übertrugen wir jede Woche Buchstaben und Zahlen in ein Heft. Frachtbriefe und Einzahlungsscheine füllten wir aus und schrieben einige Geschäftsbriefe. Hefte hatten wir viele, aber Ende des Jahres stand nicht viel darin, die meisten hörten schon in der Mitte auf. Oft machten wir Übersetzungen, bei denen wir Mundarttexte ins Hochdeutsche übersetzen mußten. In den Aufsätzen hagelte es von Fehlern, und der Lehrer zog uns die Ohren lang. Woher wir es hätten wissen sollen, darüber machte sich niemand Gedanken.

In der letzten Zeit hatte es der Lehrer auch auf mich abgesehen. Am Morgen beim Schnellrechnen kam er die Bänke entlang bis zur hintersten Reihe, wo ich saß. Er packte mich am Grännihaar und fragte immer: »Röse, wieviel macht's, Röse, wieviel?« wenn ich es nicht wußte, zog er und sonst ließ er los. Aber vor lauter Angst konnte ich nicht rechnen; das Hirn war wie ausgedörrt. Ich haßte den Kerl.

Das Schönste, was wir bei ihm erlebten, waren die Schulreisen. Einmal gingen wir auf die Schynige Platte und das Faulhorn. Auf der Großen Scheidegg übernachteten wir.

Eines Morgens hatte mein Pullover, den ich zur Schule anziehen wollte, ein großes Loch. Die Zellwolle taugte nicht viel, wenn sie alt war, riß sie wie Papier. Was sollte ich nun anziehen? Mutter wühlte im großen Wäschekorb, aber nur Bubenhemden kamen zum Vorschein. Da zog sie ein grünes Hemd mit weißen Streifen hervor. Sie meinte, das sehe doch aus wie eine Bluse, so wurde es gebügelt. Mir war es wind und weh. Mit einem Knabenhemd in die Schule, das war undenkbar. Wenn die anderen Kinder das merkten, dann würde etwas geschehen. Mutter redete mir zu, es sehe wirklich wie eine Bluse aus. Mir blieb nichts anderes übrig, als das Hemd anzuziehen. Am Anfang ging alles noch einigermaßen gut, aber ich saß auf der Bank, starr wie eine Salzsäule. Die obligatorische »Stublete« hatte ich schon hinter mir, ich hatte beim Schnellrechnen natürlich wieder versagt. Diese Demütigung zusammen mit dem Hemd war fast zuviel; mir saß die Angst im Nacken. Ich hörte nicht viel von dem, was der Lehrer erzählte. Nur das Hemd war in meinem Kopf. So kam es, wie es kommen mußte. In der großen Pause wurde es entdeckt. Ein Knäuel bildete sich um mich. Alle wollten es sehen und lachten und spotteten: Die hat ein Herrenhemd an, furchtbar, und es wurde daran gezerrt. Ein Knopf über der Brust war schon abgerissen, doch das Unterhemd bedeckte noch meine Blöße. Ich schrie immer wieder, das sei eine Bluse, doch sie zogen mir das Hemd aus dem Rock. Nun waren sie sicher, denn eine Bluse hatte hinten keinen angenähten Latz. Der Menschenknäuel um mich fing an, auf mich einzudreschen. Ich wehrte mich mit Händen, Zähnen und Füßen. Ich schlug um mich wie eine Verrückte. Da endlich ließen sie von mir ab. Ich rettete mich auf die Toilette, um meinen Tränen freien Lauf zu lassen und mich wieder ein wenig zurechtzumachen. Dort blieb ich, bis die Pausenglocke läutete und ich wieder ins Schulzimmer mußte. Ich überlegte noch, ob es nicht besser wäre, nach Hause zu gehen, aber ich getraute mich nicht. So wagte ich mich wieder ins Schulzimmer. Unter den verächtlichen Blicken der anderen setzte ich mich auf meinen Platz. Den ganzen Morgen hielt ich den Blick gesenkt und sah nichts mehr. Noch eine ganze Woche mußte ich mit dem Herrenhemd in die Schule gehen. Auf dem Schulweg erzählte ich denjenigen, die den gleichen Weg hatten, daß ich wirklich nichts anderes zum Anziehen besäße. Sie verstanden es und hielten nun zu mir.

Wieder einmal war der Teufel los in der Schule. Der Lehrer war wahnsinnig nervös, ging wegen des kleinsten Fehlers in die Luft und brüllte in der Schulstube herum: »Laßt euch lebendig begraben.« Einer seiner Lieblingssprüche. Am nächsten Tag hörten wir, daß ein Mädchen krank geworden sei. Woche um Woche warteten wir vergeblich auf seine Rückkehr. Wenn man es besuchte, war es jeden Tag magerer und die Augen sahen einen aus tiefen Höhlen an. Auch der Lehrer wollte das Mädchen besuchen. Aber als er eintrat, drehte es sich gegen die Wand und sagte zu ihm: »Laß dich lebendig begraben. Aber das sage ich Ihnen, Herr Lehrer, ich werde zuerst sterben, und zwar bald. Und nun gehen Sie. Ich kann Sie nicht mehr ertragen.« Ihm blieb nichts anderes übrig, als das armselige Krankenstübli zu verlassen. Das Mädchen starb ein paar Tage später. Es war auch eines seiner Opfer gewesen, die er immer geschlagen hatte. »Laß dich lebendig begraben«, sagte er in Zukunft nicht mehr zu uns.

Eines Tages mußten wir einen Aufsatz schreiben. Ich gab mir jede erdenkliche Mühe, schön zu schreiben. Ich wollte endlich einmal eine bessere Note im Heft haben. Aber als wir die Hefte zurückbekamen, stand da wieder die gewohnte Vier. Vier im Inhalt. Vier in der Rechtschreibung und eine Vier im Schönschreiben, durch das ganze Heft hindurch immer gleich. Jede Anstrengung war vergebens, ich schaffte es einfach nicht. Ich kämpfte mit guten Leistungen gegen die Dummheit, die mir jeden Tag vorgehalten wurde. Ich wollte einfach nicht dumm sein. Mit den Vierern konnte ich mich gerade noch über Wasser halten und mußte die Klasse nicht wiederholen. Mein erster Blick galt im Zeugnis darum stets dem Wort »befördert«. Solange es unterstrichen war, konnte ich aufatmen. Aber jedesmal hatte ich wahnsinnige Angst, wenn wir die Zeugnisse erhielten. Ich glaubte längst schon selber, daß ich »strohblöd« sei.

Im Frühling hatten wir Examen. Da durfte ich einmal den »Erlkönig« vortragen. Wie mich das freute! Gedichte liebte ich sehr. Da bekam ich sogar einmal ein Lob vom Lehrer: »Röse, du könntest ja, wenn du wolltest.« Ich hätte noch vieles gekonnt, wenn man mich angehört hätte, einen Vortrag über die Skiferien hatte ich auch vorbereitet und hätte ihn so gern gehalten, aber es kam nie dazu. Zum Examen waren die Gewaltigen von der Schulkommission erschienen, um uns zu begutachten. Auch der Pflegevater von Hausi saß breit auf einem Stuhl. Der Lehrer stellte dem Knaben eine schwere Frage, die er nicht beantworten konnte. Da lachten die Herren lauthals, und der Lehrer meinte, das ginge immer so.

Das Zeugnis bereitete mir dann eine große Enttäuschung. Meine Kameradinnen hatten eine Sechs und ich nur eine Vier im Zeichnen, und dies, obwohl ich den andern doch immer geholfen hatte und zum Teil sogar ihre Zeichnungen anfertigte. Tränen traten mir in die Augen. Ich faßte Mut, ging zum Lehrer ans Pult und sagte, daß ich diese Note als ungerecht empfände. Woher ich die Kraft nahm, mich gegen den Lehrer aufzulehnen, weiß ich nicht. Aber ich trat wirklich ans Pult und wehrte mich, wenn auch mit Schluchzen. Er schaute sich das Zeugnis noch einmal an und sagte: »Da kann man ja eine Fünf draus machen.« Auch im Singen hatte ich eine Vier, und das, obwohl er mich in jeder Stimmlage einsetzen konnte. Auch diese Vier hat er ausradiert und dafür eine Fünf geschrieben. Aber die zwei Fünfer machten mir gar keine Freude mehr, sie waren immer noch ungerecht.

Weil wir in der Schule kein Turnen mehr hatten, setzte sich ein Fräulein, das im Konsum arbeitete, für uns ein und gründete eine richtige Jugendriege. Wir gingen alle sehr gern hin, denn das Fräulein war korrekt und nicht parteiisch.

An einem Sonntag unternahmen wir alle zusammen eine Wanderung. Mit Kochkessel und den Zutaten für ein Mittagessen im Rucksack zogen wir los. Durch blühende Wiesen und grüne Wälder bis zu einer halb zerfallenen Schloßruine. Auch der Schloßweiher fehlte nicht, in dem wir baden konnten. Wir steckten unsere Hemden unten mit einer Sicherheitsnadel zusammen und hüpften im Wasser herum. Ich wurde ganz übermütig, sprang herum und freute mich. Auf einmal verlor ich den Boden unter den Füßen und versank. Ich kam nach oben und ging wieder unter, so lange, bis das Fräulein merkte, was los war, und mich an den Haaren heraufzog. Ich hatte nun genug vom Baden und war ein wenig erschöpft. Auch hustete ich noch eine Zeitlang, denn ich hatte ziemlich viel Wasser geschluckt. Die Warnung der Mutter kam mir wieder in den Sinn, daß man nie übermütig sein sollte, denn sonst werde man bestraft.

Läuse

Einmal war es soweit. Dani und Vreneli hatten die Köpfe voller Läuse. Ich hatte sie immer gewarnt, daß sie nicht zu der Familie Dellsperger gehen sollten. Es wurde gemunkelt, sie hätten Läuse, aber man war sich nicht sicher. Nun wußten wir es. Auch mir hängten die zwei Kleinen Läuse an. Die Mutter packte die Haare der beiden über Nacht in Tücher mit Läusetinktur, Dani schnitt sie die Haare kurz. Ich bettelte, sie solle mir doch auch Tinktur geben. Aber sie wollte nicht, weil ich lange Haare hatte. Sonst hätte sie mir die Haare waschen müssen und dafür hatte sie keine Zeit. So wurde ich nur mit dem Läusekamm behandelt.

Schlimmer war es in der Schule. Ich hatte schreckliche Angst, daß die Läuse entdeckt würden. Mein ganzes Sinnen galt meinem Kopf, denn ich wußte nicht, wie weit die Biester spazierengingen und ob sie mir auf dem Kopf herumkrochen. Den ganzen Tag hätte ich am liebsten nur gekratzt. Einmal fiel mir eine Laus aufs Heft. Schnell hielt ich den Finger darauf und beförderte sie an den Rand des Pultdeckels, wo ich sie zerdrücken konnte. Schnell schaute ich, ob meine Banknachbarin etwas bemerkt hatte. Zum Glück nicht. Den Kopf hielt ich immer von ihr weg und rutschte auf der Bank so weit hinaus wie ich konnte. Ich hütete die Viecher und paßte auf, daß sie nicht zu den anderen übersprangen. Jedesmal, wenn ich nach Hause kam, löste ich die Zöpfe und kämmte mir die Haare. Ich bearbeitete den Haarboden mit den Fingerspitzen und zerdrückte die Nissen. Auch die Mutter half mir. Zuerst vermehrten sich die Tierchen lawinenhaft, aber nach einigen Tagen wurden es tatsächlich weniger.

Nach der Schule ging ich immer noch zum Bauern. Ich schämte mich und hatte schreckliche Angst, daß jemand die Läuse entdecken könnte. Der Spott und die Verachtung hätten keine Grenzen gehabt.

Am Sonntag setzte ich dem Leiden dann ein Ende. Ich kochte viel Wasser, nahm ein großes Waschbekken und Seife und wusch die Haare trotz Mutters kräftigen Widerstands. Das Wasser, daß mir Dani über den Kopf goß, war so heiß, daß es mir fast die Kopfhaut und wahrscheinlich auch die Läuse verbrannte.

Ich bat die Mutter, mir die Haare kurz zu schneiden, aber das kam nicht in Frage. Ein anständiges Mädchen trage Zöpfe, sie halte nichts von dem modernen Zeug. Ich solle jetzt selber schauen, wie ich mit dem Gestrüpp zurechtkomme, sie müsse jetzt flicken. Und wenn das Gestürm nicht bald aufhöre, so hänge sie sich auf, sie habe genug von allem. So mußte ich auch noch Angst haben, daß Mutter sich etwas antun könnte. Dani half mir dann, die Haare zu entwirren, aber es dauerte seine Zeit, bis sie trocken waren. Doch die Läuse war ich los.

Taglohn

Mutter liebte Feldarbeiten über alles, darum wollte sie während der Erntezeit bei Bauern im Taglohn arbeiten. Bald hatte sie etwas Passendes gefunden, denn die Landwirte waren froh um jede Hand, die mithalf. Die zwei kleinen Geschwister nahm sie mit. Dani konnte auch schon ein bißchen helfen, wenigstens die vielen Bremsen wegjagen, die die Pferde ganz verrückt machten. Mutter verdiente aber pro Tag nur fünf Franken, da man ihr das Essen der Kinder vom Lohn abzog. Ich hingegen hatte einen Franken in der Stunde und arbeitete zwölf bis dreizehn Stunden pro Tag. Mutters Arbeit lohnte sich also fast gar nicht.

Eines Tages geschah dann etwas Entscheidendes: Das Vreneli spielte beim Jaucheloch, das offen stand, weil der Bauer gerade die Felder düngte. Plötzlich fiel die Kleine in die Jauchegrube. Wie durch ein Wunder tauchte sie wieder auf. In diesem Moment kam gerade der Sohn des Bauern zur Tür heraus und sah das Kind. Geistesgegenwärtig griff er zu und zog das Vreneli aus der Grube. Es war schrecklich. Mutter hatte nun genug. Sie blieb lieber zu Hause und strickte wieder Militärhandschuhe. So konnte sie die Kinder besser beaufsichtigen.

Am Sonntag zum Mittagessen aßen wir oft nur Brot, Butter und Konfitüre. Wir durften es niemandem erzählen, denn Mutter hatte Angst, daß wir sonst verdingt werden würden. Wir kochten immer viele Früchte ein, auch Holunder wurde in Flaschen abgefüllt. Im Winter aßen wir dann Holunderbrei mit geröstetem Brot und Kartoffeln.

Wir hatten einen großen Garten. Gemüse war genug da. Kartoffeln bekamen wir von meinem Bauern, der mir dafür etwas vom Lohn abzog. Einmal brachte die Mutter einen großen Korb mit angefaulten Zwiebeln aus dem Keller, und ich mußte sie alle rüsten. Die Tränen flossen in Bächen dazu. Am Abend kochte ich Zwiebelbrei und Kartoffeln dazu. Ich aß viel zu viele Zwiebeln und bekam heftige Blähungen. Mein Bauch war steinhart, und ich wußte nicht mehr ein noch aus. Mutter sagte, eine Kuh würde man stechen und das Gas ablassen. Aber da ich eine menschliche Kuh sei, und das stimme, sonst hätte ich nicht so viel gegessen, könne man das nicht tun. Sie schickte mich nach draussen, ich solle ein wenig herumspringen, das mache man mit Kühen auch so. Ich lief lange Zeit hin und her. Endlich ließ der Druck nach. Von Zwiebelgerichten hatte ich für mein ganzes Leben genug.

Frau Dellsperger erzählte der Mutter, daß sie viel Geld verdiene beim Servieren am Sonntag in der Festhütte. Sie riet der Mutter, doch mitzukommen. Am Sonntag hätten sie immer zuwenig Personal. So schneiderte sich die Mutter ein schwarzes Kleid und eine kleine Schürze mit Rüscheli. Am Sonntagmorgen in aller Herrgottsfrühe bestiegen die zwei Frauen ihre Fahrräder und fuhren viele Kilometer weit zur Arbeit. So ging es einen ganzen Sommer lang. Ich mußte nach den Geschwistern schauen und kochen. Das war ich gewohnt und es machte mir nichts aus. Nur am Abend fürchtete ich mich ohne die Mutter. Einmal, als es draußen schon dunkel war, spielten wir in der Stube mit Knöpfen ein selber angefertigtes Spiel. Da klopfte es heftig ans Fenster. Zuerst wußte ich nicht, was ich machen sollte. Klar war mir, daß ich auf keinen Fall das Fenster öffnen durfte. Es klopfte erneut. Ich griff zum Lichtschalter und löschte das Licht. Ich drückte die zwei kleinen Geschwister eng an mich. So harrten wir lange Zeit aus. Später krochen wir alle zusammen in Mutters Bett. Dort fühlten wir uns einigermaßen geborgen. Am nächsten Tag sagte uns die Nachbarin, daß sie das Klopfen auch gehört habe. Ihr Sohn Georg habe gesehen, daß es Nachtbuben seien, die sich mit uns einen blöden Scherz erlaubt hatten.

Die Mutter machte das Ganze nur einen Sommer lang mit, denn es war zuviel für sie. Sie bekam Schmerzen in den Beinen und verdienen tat sie auch nicht so viel. Sie mußte den ganzen Tag die schweren Tabletts herumtragen und anschließend noch viele Kilometer mit dem Rad heimfahren. Da wurde es regelmäßig vier bis fünf Uhr in der Früh, bis sie nach Hause kam. Um sechs Uhr aber mußte sie schon wieder aufstehen, um uns Haferbrei zu kochen.

Die erste Liebe

Der Bauer, bei dem ich arbeitete, hatte einen sechsundzwanzigjährigen Sohn, den Hans. Weiter bestand die Familie aus Bauer, Bäuerin, dem Großvater, einem Knecht und einem Verdingbuben. Ich durfte alle beim Vornamen nennen, sie waren lieb und freundlich zu mir. Ich glaube, ich hätte alles getan für ein bißchen Liebe. Mit meinem Rücken wurde es immer schlimmer. Bei den Halswirbeln bekam ich mit der Zeit starke Schmerzen. Manchmal hatte ich das Gefühl, daß mich eine unsichtbare Faust packen und schütteln würde. Erschrocken schaute ich mich dann jedesmal um, aber es war niemand zu sehen. Ich schwieg jedoch beharrlich, denn ich wollte dort bleiben.

Einmal, bei der Feldarbeit, berührten sich die Hände von Hans und mir zufällig. Wir fuhren erschrocken zurück, als hätte uns etwas gestochen. Wir schauten uns ganz verwundert an. Ich wußte nicht, was mit mir geschehen war. Wenn ich den Hans sah, klopfte mein Herz wie wahnsinnig. Er wich mir aus und ich ihm. Es nützte nicht viel, denn ich wußte jetzt auch, was mit mir los war: Ich war bis über beide Ohren in den Hans verliebt. Aber es durfte nicht sein, denn ich war noch viel zu jung. Der Hans war auch verliebt in mich, meinte aber, wir müßten vernünftig sein. Seine Eltern hatten große Pläne mit ihm und durften auf keinen Fall etwas erfahren.

Im Sommer mähten wir die Weide. Viele Leute kamen, um bei der Arbeit zu helfen. Es mußte alles von Hand gemacht werden, weil das Feld so steil war. Es war Abend und das Gras duftete frisch. Nach getaner Arbeit war es längst dunkel geworden, und die ganze Schar zog singend nach Hause. Hans und ich blieben ein wenig zurück, so daß wir uns an den Händen halten konnten. Bei einer Wegbiegung, als uns niemand mehr sehen konnte, gab er mir einen Kuß. War das himmlisch schön! Unsere Liebe war süß, unschuldig und wunderbar. Nie wäre Hans zu weit gegangen. Ich konnte ihm ganz vertrauen, nur hier und da ein Streicheln über die Haare oder Hände. Uns genügte es, wenn wir uns nur anschauen durften.

Die Wende

Unser glückliches Leben nahm ein jähes Ende. Das ganze Unheil kam von dem Mann, der Tabak kauend vor uns stand und etliche Male seinen braunen Speichel auf unseren weißen Plättliboden spuckte. Er eröffnete uns, daß er die Hälfte des Hauses, wo wir wohnten, verkauft habe und daß wir ausziehen müßten. Darauf steckelte der alte Kerl mit seinem Hackenstock und dem Rucksack auf dem Rücken mit steifen Beinen davon.

Unsere Herzen wurden schwer wie Blei. Wohin, um Gottes willen, sollten wir? Die Wohnungssituation war noch nicht besser geworden. Mutter sank mit Tränen in den Augen auf einen Stuhl. »Ich glaube, der liebe Gott hat uns ganz vergessen, sonst würde er besser über uns wachen. Wo sollen wir nun hin, ich weiß, daß keine Wohnung frei ist.« Auch in mir wehrte sich alles, von hier fortzuziehen und den Hans vielleicht nie mehr sehen zu können. Das durfte nicht sein.

An einem Samstagabend klopfte es auf einmal an unsere Tür. Köbu, der Sohn des Hausbesitzers, stand vor der Tür und begehrte Einlaß. Wir kannten ihn schon lange, er war ein mürrischer Kerl und ich mochte ihn nicht besonders. Immer öfters aber kam er von da an zu Besuch. Manchmal brachte er ein

Bauernbrot mit, einmal kam er sogar mit einem alten Grammophon und Schallplatten.

Mutters Wohnungssuche blieb erfolglos. Nirgends war ein Loch für uns. Da machte der Köbu der Mutter einen Heiratsantrag. Ich flehte sie an, diesen verbohrten Kerl doch nicht zu heiraten. Sie wisse doch, daß kein Mensch gut über ihn rede. Ich fragte, ob sie denn vergessen habe, was man sich von ihm erzählte: Er sei ein »Sauhund« gewesen mit seiner Frau. Nur deshalb sei sie so früh gestorben. Man nannte ihn auch den »Gürbetal-Reisenden«, weil er einen ganzen Tag von Thun nach Bern gefahren sei, die meiste Zeit in der Toilette, weil er keine Fahrkarte gehabt habe. Gegen Abend hätte ihn dann ein Schaffner erwischt und ihn in Thurnen aus dem Zug geworfen. Er war nämlich zu Hause weggelaufen wie ein Kind. »Mutter, so etwas willst du heiraten?« »Mir bleibt gar keine andere Wahl, denn ich habe keine andere Wohnung gefunden. Dann haben wir endlich ein Dach über dem Kopf, und es kann uns niemand mehr hinausschmeißen.« »Mutter, liebst du den Gürbetal-Reisenden?« »Ich glaube, daß ich mit ihm auskommen kann. Er ist sicher nicht so schlecht, denn er hat uns schon ein paarmal Brot gebracht.«

Einmal sah ich, wie er die Mutter küßte mit seinen wulstigen Lippen. Mich ekelte es fürchterlich, am liebsten hätte ich die Mutter von ihm weggerissen. Aber ich war machtlos und mußte ungewollt zusehen. Ich fühlte mich wahnsinnig einsam und verlassen.

Auch die Bäuerin war gegen diese Heirat. Sie meinte, Köbu sei ein Dublihund, und da erwarte uns nichts Schönes. Aber Mutter ließ sich nicht beirren und meinte, die Bäuerin sei nur eifersüchtig, daß es ihr nun besser gehe. Ich konnte die Mutter nicht mehr verstehen. Auf einmal hielt sie zum Köbu.

Es kam, wie es kommen mußte, es wurde gepackt, und unsere wenigen Habseligkeiten wurden auf einen Wagen geladen. Ich vergoß tagelang bittere Tränen, ich war untröstlich, von hier fort zu müssen. Immer wenn ich mich an einem Ort wohlfühlte, mußte ich wieder weg. Ob ich weiter beim Bauern arbeiten konnte, wußte ich auch noch nicht. Vom Köbu erzählte man sich, daß er reich sei und Mutter dachte sicher, daß sie ihre ewigen Geldsorgen los würde, wenn sie ihn heiratete.

Nachdem alles aufgeladen war, kutschierte uns Köbu mit dem Wagen und dem vorgespannten Rapid zu sich ins Muri.

Nun bekam ich auch noch eine Stiefschwester, die Grete, Köbus Tochter. Köbus Vater, genannt der Alte oder »Schiggi«, und dessen Bruder Häumu gehörten auch noch zu den Hausbewohnern.

Die Mutter bezog mit ihrem zukünftigen Mann ein Zimmer im ersten Stock. Das paßte mir überhaupt nicht. Es war mir unbegreiflich, daß sie mit Köbu das Bett teilen wollte. Er war wirklich ein struber Kerl mit seinen hängenden Lippen und der Knollennase.

Meine zwei kleinen Geschwister kamen in die Kammer neben der Mutter. Ich zog bei der Grete ein. Dieses Zimmer hatte sie jahrelang mit ihrem Vater geteilt. Wenigstens hatte ich nun endlich ein eigenes Bett. Häumu und der Alte bewohnten das Zimmer neben uns. Beide Räume erreichte man von der Küche her. Diese hatte einen Zementboden und hinten und vorne ein kleines Fenster. Wir waren alle sehr müde und sahen deshalb nicht mehr, wie gräßlich alles aussah und wieviel Schmutz überall lag. Köbu brachte Butter, Konfitüre und Brot zum Nachtessen. Unsere Herzen schlugen ein wenig höher, als wir das Ankebälli sahen, aber nur bis wir in das Butterbrot gebissen hatten, da merkten wir, daß die Butter ranzig und sauer war.

Am nächsten Morgen wußte ich zuerst nicht, wo ich mich befand. Das gewürfelte Deckbett kam mir fremd vor. Dann sah ich im Bett nebenan den dunklen Haarschopf von der Grete. Nun kam mir alles wieder in den Sinn. Langsam stieg ich aus dem Bett, um mich anzuziehen. Da entdeckte ich an den Armen, Beinen und auf den Wangen große rote Schwielen, die juckten. Ich kleidete mich schnell an und ging zur Mutter in die Küche, um es ihr zu zeigen. Aber sie wußte auch keinen Rat. Als ich Grete genauer ansah, entdeckte ich die gleichen Schwielen auch bei ihr. Ich fragte sie, was das zu bedeuten habe. Sie meinte, das habe sie jeden Morgen, aber sie wisse auch nicht warum. Die Mutter ahnte nichts Gutes. Als wir ein wenig Zeit hatten, schauten wir in den Betten nach. In den Falten der Matratzen fanden wir unzählige Wanzen. Diese Hausbewohner hatten mir in meiner Sammlung noch gefehlt. Es dauerte sehr lange, bis wir die Betten sauber hatten. Jeden Morgen mußten wir auf Wanzenjagd gehen und alle töten, die wir entdeckten.

Drei Wochen lang putzten wir jeden Tag, bis das Haus einigermaßen sauber war. Für den Küchenboden mußten wir den Gartenschaber nehmen, um den Dreck abzukratzen. Immer wieder weichten wir den Belag mit Wasser ein, bevor wir den Brei wegschaben konnten. Als wir die Küche endlich sauber hatten, kam der Alte und spuckte den Tabakspeichel neben den Spucknapf auf den Boden. So ging es noch etliche Male, bis ihn die Mutter zur Ordnung anhielt. Auch diese Spucknäpfe in allen Ecken waren zum Kotzen. Bis wir die jeweils sauber hatten, hatte es uns den Magen einige Male umgedreht.

Widerlich war ebenfalls, daß die Männer mit den Stallschuhen durch die Küche liefen, um die Kühe in der Tenne zu füttern. Der Weg ums Haus herum war ihnen zu lang, und Schuhe abputzen war ein

Fremdwort für sie. Die Schwabenkäfer, die überall in der Küche herumkrochen, konnten nur mit Gift beseitigt werden. Alles war furchtbar dreckig und grausig. Doch die Mutter nahm alles hin, nur selten begehrte sie auf. Dann gab es aber sofort Streit mit dem Köbu. Darum schwieg man besser.

Nur bei Tisch wurden neue Sitten eingeführt, es wurde jetzt aus Tellern gegessen. Bis anhin hatten sie je einen Löffel und kratzten das Essen aus der gleichen Schüssel, die in der Mitte des Tisches stand. Uns ekelte es aber, mit den »Schiggis« aus der gleichen Schüssel zu essen, und wir bestanden auf die Teller.

Endlich war alles in einem Zustand, daß Verlobung gefeiert werden konnte. Wir Kinder freuten uns darauf. Auch hatten wir so unsere Vorstellungen, wie das vor sich gehen sollte. Die Grete und ich standen sehr früh auf, kochten das Frühstück und deckten liebevoll den Tisch. Ich holte Blumen im Garten und stellte sie in einer Vase zu den Gedecken. Alles sah nun ganz manierlich aus. Dann kam der Köbu als erster die Treppe herunter und schoß grußlos zur Küchentür hinaus. Einige Zeit später erschien die Mutter mit dem Nachtgeschirr und verschwand auch durch die Tür. Nacheinander kamen die zwei Verlobten wieder herein, beide machten Gesichter, die nichts Gutes verrieten. Keines sprach ein Wort. Stumm setzten sie sich an den Tisch. Auch der Alte war in der Zwischenzeit eingetroffen. Er wickelte seine mit Kuhmist verschmierten Schuhe um die Stuhlbeine und spuckte einen Ballen Tabak in den Spucknapf. Endlich saßen alle am Tisch. Stumm löffelten sie die Rösti. Die Grete und ich sahen uns nur an und wußten nicht, was wir von dem Ganzen halten sollten. Niemand würdigte unsere Anstrengungen. Nach dem Frühstück befahl uns die Mutter, was wir zum Mittagessen kochen mußten, fütterte das Schwein und die Hühner und verzog sich dann in den oberen Stock. Köbu wusch seinen Grind, denn mehr war bei ihm nicht Brauch, und rasierte sich. Auch dies tat er nur einmal in der Woche.

Ich kochte das Mittagessen. Noch einmal dekorierten die Grete und ich den Tisch. Wieder blieb alles unbemerkt, und die Stimmung der beiden war immer noch frostig. Wenigstens glänzten zwei Goldreifen an ihren Ringfingern. Wir waren sehr enttäuscht, daß wir den Moment, als die Ringe angesteckt wurden, verpaßt hatten. Wir nämlich hatten romantische Vorstellungen von diesem Ereignis. Am Nachmittag verzog sich die Mutter wieder nach oben, und der Köbu setzte sich mit seiner stinkenden Tabakpfeife auf die Bank vor das Haus. So verging der Tag und all unsere Erwartungen zerrannen. Wir begriffen nicht, was los war. Mutter konnte ich nicht fragen, denn sie war auf einmal so weit weg von mir.

Die Stummheit der beiden hielt noch ein paar Tage an. Die ganze Zeit herrschte eine gedrückte

Stimmung. Auch in Zukunft kam es immer wieder vor, daß die zwei sich anschwiegen. Mir war es unheimlich, und ich litt unter diesem Verhältnis. Die Grete und ich erfanden eine Geheimsprache. So konnten wenigstens wir uns sagen, was uns bewegte, ohne daß die anderen etwas verstanden. Köbu hielt sich den Bauch vor Lachen, obwohl er nichts verstand. Wir teilten ihm die schlimmsten Schimpfwörter aus, und er hatte die größte Freude daran.

Für Oktober war die Hochzeit geplant. Ich sprach noch einmal mit der Mutter, ob sie es wirklich wagen wolle. Ungehalten sagte sie, daß ihr gar keine andere Wahl bliebe, sie müßte es tun.

Hochzeitstag

Nun war es also soweit. Mein Götti kam mit Wagen und Pferd, um die Hochzeitsgesellschaft zu fahren. Auch Franz und Johannes waren extra angereist, um mit uns zu feiern. Unser Nachbarssohn, der Georg, war eingeladen worden, weil er so gut Handorgel spielen konnte.

Mutter sah gut aus in ihrem neuen blauen Kleid, und auch wir Kinder waren mit einer neuen Garderobe versehen worden. Der Götti setzte sich neben den Handorgler auf den Bock, wir anderen machten es uns hinten auf dem Wagen bequem. Zuerst ging's ins Tal hinunter nach Thurnen aufs Standesamt, anschließend wieder den Hügel hinauf. Die Hälfte der Hochzeitsgesellschaft mußte absteigen, weil das Pferd nicht alle zu ziehen vermochte. Nach einstündigem Fußmarsch kamen wir endlich zum Dorfkirchlein, wo die Trauung begann. Ich sah, wie meinem Götti die Tränen über die Wangen rollten. Er tat mir sehr leid, er war ein lieber Mensch. Ich konnte kaum auf der Kirchenbank stillsitzen, ich saß nun zum zweiten Mal hier. Das erste Mal bei Vaters Begräbnis und nun zu Mutters Hochzeit. Zwei so verschiedene Anlässe, aber bei beiden war mein Herz schwer wie ein Zentner. Ich mußte an meinen Vater denken, der hier auf dem Friedhof lag. Was hätte er zu dieser Hochzeit gesagt? Wäre er einverstanden? Ich wußte es nicht, so wie ich nicht wußte, wie unser zukünftiges Leben sich entwickeln würde. Ich hatte schreckliche Angst, denn ich fürchtete den Köbu. Er war mir unheimlich mit seinem finsteren Aussehen. Auf einmal wurde ich aus meinen Gedanken gerissen. Mutter und Köbu setzten sich in Bewegung. Automatisch stand ich auf und schloß mich ihnen an. Langsam schritten wir dem Ausgang zu, ich zitterte immer noch am ganzen Leib.

Wir stiegen wieder auf das Bregg und fuhren nach Uetendorf zum Fotografen. Dann endlich gab es Mittagessen in einem Gasthof. Georg spielte zum Tanz auf und Köbu sollte tanzen. Er torkelte der Mutter nur über die Füße und ließ es dann auch bald wieder bleiben. Gegen vier Uhr fuhren wir heimwärts. Wieder mußten wir einen Teil des Weges zu Fuß zurücklegen. Im neuen Heim angekommen, stellte die Mutter ihren weißen Chrysanthemenstrauß mit den Schleifen in einen Milchkrug mit Wasser. Wir aßen noch eine Kleinigkeit und ich kochte Kaffee. Todmüde krochen wir in unsere Betten.

Herbstferien

In den Herbstferien durfte ich wieder zum Bauern. Was für eine herrliche Zeit; ich konnte jeden Tag den Hans sehen!

Hier war alles so friedlich. Man arbeitete den ganzen Tag und alles hatte seine Ordnung. So ein Zuhause hätte ich haben wollen. Es war mir wohl bewußt, daß dies meine letzten Ferien beim Bauern waren, denn im Frühling ging meine Schulzeit zu Ende. Die Bäuerin hatte doch bemerkt, wie es um Hans und mich stand. Eines Tages sagte sie mir, ich sollte mir keine Hoffnungen machen, zwischen dem Hans und mir könne nie etwas werden. Ich sollte bedenken, wer ich sei. Er, der einzige Sohn eines wohlhabenden Bauern, müßte einmal eine stattliche Bauerntochter heimführen. Da wußte ich wieder, was ich war. Auch der Hans sagte, daß wir kaum Aussichten hätten, gegen die Bäuerin anzukämpfen. Schon lange wußte er, daß er sich einmal standesgemäß verheiraten mußte. Wir genossen noch die Tage, die wir zusammen arbeiten konnten. Aber wie alles Schöne, gingen auch diese Ferien schnell zu Ende. In der nächsten Zeit hatten wir keine Möglichkeit mehr, uns zu sehen.

Zu Hause waren sie noch nicht fertig mit der Kartoffelernte. Alle mußten mithelfen. War das eine mühselige Arbeit! Beim Bauern hatten wir mit dem Kartoffelgraber gearbeitet, hier mußte alles von Hand gemacht werden. Der Acker war sehr vernachlässigt. Die Erde war mit Graswurzeln verfilzt, und die Kartoffeln waren dementsprechend klein. Jeden Karsthieb mußten wir einzeln verlesen und Körbe voller Wurzeln an den Rand des Ackers tragen. Köbu hatte andauernd schlechte Laune, weil er nun arbeiten mußte. Auch die Grete, die bis jetzt nie viel gearbeitet hatte, mußte mithelfen. Nachdem die Kartoffeln eingebracht waren, wurde der Acker noch einmal von Hand gehackt. Anschließend säte die Mutter Weizen aus.

Schulden

Vom Reichtum des Alten, von dem alle Leute tuschelten, war nichts zu merken. Ihm gehörte das Haus, in dem wir lebten, und ein weiteres im Dorf mit zwei schönen Geschäften und zwei Wohnungen. Bis jetzt hatten die Männer von den Zinsen gelebt und zu Hause herumgelungert.

Eines Tages schaute ein Stoffreisender herein, der schon seit vielen Jahren vorbeikam. Jedes Jahr hatte der Alte Stoff bestellt. Mutter hörte, wie der Reisende zum Alten sagte, ob er nun nicht endlich etwas bezahlen könne. Als Mutter nachfragte, was los sei, meinte der Vertreter, daß er nun seit zehn Jahren Stoff liefere und noch nie sei etwas bezahlt worden. Tatsächlich fand die Mutter im Schrank Berge von Hemden- und Schürzenstoffen. Die Rechnungen waren alle fein säuberlich dazwischen gesteckt. Warum er denn immer wieder geliefert hätte, wollte die Mutter wissen. Darauf sagte der Reisende, der Alte sei ja reich, man werde das Geld schon bekommen. Wenigstens die neueste Bestellung wollte die Mutter rückgängig machen. Das war aber nicht so einfach, denn der Mann beharrte auf der Unterschrift des Alten. Erst als die Mutter ihn auf die geistige Verfassung von Köbus Vater aufmerksam machte – er hatte eine schon ziemlich fortgeschrittene Arterienverkalkung –, lenkte er ein.

Mutter fielen im Laufe der Zeit noch viele unbezahlte Rechnungen in die Hände. Eigenartig war nur, daß nie Mahnungen kamen. Das hielten die Leute anscheinend nicht für nötig, denn der Alte besaß ja Häuser und Vermögen. Die Mutter sprach mit Köbu über dieses Problem. Nun stellte sich heraus, daß kein bares Geld zur Verfügung stand. Sie waren sogar noch viel schlimmer daran als wir, denn wir hatten wenigstens keine Schulden gehabt. Nun mußte dem Alten das Geschäft aus der Hand genommen werden, und Köbu ging schweren Herzens wieder arbeiten. Er war gelernter Zimmermann. Viele Jahre hatte er den Beruf nicht mehr ausgeübt und war einfach zu Hause geblieben. Dabei war er noch gar nicht alt, ein Mann in den besten Jahren. Jedesmal, wenn nun Köbu Zahltag nach Hause brachte, wurden Rechnungen bezahlt. Wir mußten daher noch immer sehr ärmlich leben, das Geld reichte hinten und vorne nicht. Mutter pflanzte wieder viel Gemüse und hielt sich Hühner und Kaninchen. Vom Eiergeld schaffte sie für uns das Nötigste an.

Grete und ich gingen in die Jugendriege, das war fast unser einziges Vergnügen neben dem Krampfen. Einmal kamen wir nach dem Turnen nach Hause und hatten schrecklichen Hunger. Alle waren schon im Bett, und nirgends gab es, außer Brot, noch etwas zu essen. Da kam ich auf die Idee, Spiegeleier zu braten. Gesagt, getan, wir machten Feuer und schlugen Eier in die Pfanne. Auf einmal hörten wir Schritte über uns. Was nun? Wir durften nicht erwischt werden, sonst hätten wir Schelte bekommen. Die Schritte kamen immer näher. Kurz entschlossen packte ich die Pfanne, ging damit ins Zimmer und schob sie unter mein Bett. Die Grete deckte schnell das Feuerloch zu, dann schlüpften wir mit Schuhen und Kleidern in die Betten. Keine Minute zu früh, denn schon öffnete sich die Tür und Köbu steckte seinen Kopf herein. »He, Grete, Röse, habt ihr nichts gehört?« Unschuldig kam es aus den Betten: »Nein, warum?« »Ich habe geglaubt, es seien Einbrecher da«, meinte der Köbu. Den Krach hatte Grete verursacht, als sie den Herd abdecken wollte, da war ihr der Deckel auf den Boden gefallen. Dies hatte der Köbu gehört. Zum Glück war er sehr feige und dauerte es eine Weile, bis er Mut gefaßt hatte und nachschauen kam. Mit einem »Gute Nacht« verschwand er im oberen Stockwerk. Wir schlüpften wieder aus den Betten, um unseren Schmaus fertig zu braten.

Am nächsten Morgen sah die Mutter lange in die Eierschüssel. Irgend etwas war ihr suspekt. Sie konnte sich aber zum Glück nicht mehr genau erinnern, wie viele Eier sie gehabt hatte. Die Grete und ich schwiegen beharrlich, denn sonst hätte es ein Donnerwetter gegeben.

Der Alte

Wie immer am Abend brüteten der Alte und Häumu auf dem Ofen. Köbu saß am Stubentisch und las die Zeitung. Alle drei qualmten wie verrückt. Die ganze Stube war in dicken Rauch gehüllt. Grete und ich lösten unsere Schulaufgaben am Tisch. Von Zeit zu Zeit spuckte der Alte in den Napf. Das Spucken und die ewige Choderei brachten mich fast zum Kotzen.

Als Grete und ich unsere Arbeit beendigt hatten, wollten wir ins Bett. Aber keiner machte Anstalten, die Stube zu verlassen. Sie pafften ruhig weiter. Ich zog den Pullover aus, um mich zu waschen. Da zwang mich etwas, mich umzublicken, und ich sah die lüsternen Blicke der zwei Lustmolche. Köbu und der Alte sahen mich mit gierigen Blicken an. Dem Alten lief sogar der Speichel über das Kinn. Kurz entschlossen packte ich die Waschschüssel und verzog mich in die Küche. Ich war nicht imstande, mich zu waschen, denn der Köbu folgte mir auf den Fersen und setzte sich nun auf die Eckbank. Wütend ging ich zurück in die Stube und riß das Fenster auf. Ich mußte nicht lange warten und Köbu war auch schon wieder da. Nun hatte ich genug, ich schrie die Saukerle an, daß sie endlich verschwinden sollten. Köbu schrie zurück, wenn es mir nicht passe, könne ich ja gehen. Er bleibe, solange er wolle, dann setzte er sich wieder an den Tisch und stopfte die Pfeife. Ich erstickte fast in dem Rauch.

Wie ein geprügelter Hund kroch ich noch halb angezogen unter die Bettdecke. Lange konnte ich nicht einschlafen, gedemütigt wie ich war. Auch wußte ich nun, daß ich mich vor den grausigen Männern vorsehen mußte. Erst als sie aus dem Zimmer geschlurft waren, konnte ich mich endlich ausweinen.

Am nächsten Morgen klagte ich alles der Mutter, und sie setzte sich für uns Mädchen ein. Sie hatte nichts von alledem gesehen, da sie die meiste Zeit in ihrem eigenen Zimmer verbrachte. Nun heizte sie die Stube der beiden Alten, und diese verzogen sich auch mit einigem Murren dorthin. Nur der Köbu blieb hartnäckig, und es setzte noch etlichen Streit, bis er in den Stall ging, um zu rauchen.

Am Morgen mußte der Alte den Stall besorgen, weil Köbu arbeiten ging. Es dauerte immer sehr lange, bis er die Kühe gemolken hatte, und ich verzappelte fast vor der Stalltür, bis er endlich mit der Milch erschien. Die mußte ich dann mit dem Karren in die Käserei fahren. Abwechslungsweise mußten Grete und ich während einer Woche diese Arbeit besorgen. Die andere kochte in dieser Zeit das Frühstück.

Ich war nicht gerne alleine in der Küche, denn es kam vor, daß auf einmal der Alte hinter mir stand.

Eines Tages ging die Mutter in den Stall. Aufgeregt kam sie schnell wieder zurück, denn der Alte stand auf einer Kiste und befriedigte seine Sexgelüste bei einem Rind. Nun bekam der Alte etwas zu hören. Die Mutter schäumte vor Zorn. Es war gräßlich. Sie warnte nun auch uns Mädchen vor dem Alten. Klein Vreneli durften wir auch nicht mehr aus den Augen lassen, denn Köbu war ständig hinter der Kleinen her und stellte sie auf den Kopf, damit er ihre Höschen sehen konnte. Mit dem Alten wurde es immer schlimmer. Er lief immerzu mit einem steifen Glied in seiner Hose herum und stellte sich ungeniert so zur Schau. Wenn er eines von uns Mädchen sah, blickte er uns an, dann auf seine Hose. Es war ekelhaft. Nun wurde es der Mutter zuviel und sie ging zum Arzt. Der gab ihr ein Pulver, das wir ihm in die Suppe streuen mußten. Nach einiger Zeit ließ das grausige Spiel nach. Aber er hatte noch nicht genug. Er stellte alles mögliche an. Mit Bändern und Knebeln versuchte er, sein Glied zum Stehen zu bringen. Jeden Morgen mußte die Mutter ihm die Knöpfe am Hosenschlitz annähen, weil er sie immer wieder abschnitt. Wir mußten ihn ständig hüten, sonst postierte er sich am Straßenrand und ließ alles heraushängen. Ich habe mich wahnsinnig geschämt, wenn ich ihn holen mußte und er mich noch herausfordernd ansah. Am liebsten hätte ich ihm eine Ohrfeige gegeben.

Altjahrssingen

Trotz des vielen Leids, das wir erdulden mußten, sangen wir oft. Es gab immer wieder eine Gelegenheit, sei es beim Kochen, beim Abwaschen oder einfach, weil Sonntag war. Mich befreite das Singen, wenigstens für kurze Augenblicke, von all meinen Sorgen. Mutter hatte ein paar Schallplatten mit Jodelliedern gekauft und die sangen wir mit, bis wir sie auswendig konnten. Die Grete, der Dani und ich beschlossen, zum »Altjahrssingen« zu gehen. Wir hofften, dabei auch etwas Geld zu verdienen. Nun wurde jede freie Minute geprobt. Bald schmetterten wir Jodler hin wie die Großen. Nun wurden Pläne geschmiedet wegen der Verkleidung. Ich beschloß, als »Kräuterfraueli« mitzumachen. Am Neujahrsabend war Tanz im Dorf, und dort wollten wir unbedingt hin.

Gesagt, getan, in einer Tanzpause traten wir in den Saal und fingen an zu singen. Es wurde mäuschenstill und als wir fertig waren, ernteten wir einen kräftigen Applaus und viel Geld. Nun trat ein älterer Herr auf uns zu und sagte, unser Singen habe ihm gut gefallen, aber ob wir nicht wüßten, daß Kinder abends nicht mehr alleine auf die Straße dürften. Wenn uns der Landjäger erwische, stecke er uns ins Feuerwehrhäuschen oder wir müßten eine Buße bezahlen. Wir waren nun gewarnt, auch hatten wir großen Respekt vor dem Gefängnis.

Als wir endlich nach Hause kamen, war es schon ein Uhr am Neujahrsmorgen. Köbu saß noch in der Küche und wartete auf uns. Er brüllte uns schrecklich an. Von jetzt an werde wieder daheimgeblieben. Es war keine Strafe für uns, nicht mehr gehen zu dürfen, denn wir hatten schon fast alle Häuser abgeklappert. Ich hortete mein Geld im Nachttischli und machte Pläne für meine Einkäufe. Hosen und Hemden wollte ich kaufen. Die, die ich noch besaß, waren voller Löcher, so daß ich manchmal nicht wußte, wo ich hineinschlüpfen sollte. Als ich dann von dem Geld nehmen wollte, war ein großer Teil weg. Die ganze Familie war in Aufruhr. Ich nahm Dani und Vreneli in die Zange. Doch die hatten nichts genommen. Da blieb nur noch die Grete. Als ich sie fragte, verneinte sie, doch sie bekam einen zündroten Kopf. Den Rest des Geldes gab ich der Mutter zum Aufbewahren. Der Grete traute ich nicht mehr.

Konfirmation

Langsam rückte der Frühling näher und damit auch Gretes und meine Konfirmation. Im Unterricht mußten wir Psalmen auswendig lernen, auch den Katechismus und das Register der Bibel sagten wir stundenlang vor uns hin. Plötzlich wurde unser Pfarrer krank und kam ins Spital. Ein junger Vikar mußte ihn vertreten. Der staunte nicht schlecht, als er hörte, daß wir nur Psalmen vor uns her leierten und sonst nicht viel konnten. Er versuchte, uns einen anderen Einblick in die christliche Religion zu verschaffen und Glauben und Ehrfurcht in uns zu wecken. Seine Bemühungen fruchteten aber auch nicht mehr viel.

Der Vikar ließ eine Krankenschwester kommen, die uns aufklären sollte. Sie wußte jedoch selbst nicht viel oder hatte Hemmungen, auf unsere Fragen zu antworten. Das Gespräch war auf jeden Fall schnell zu Ende. Sie erzählte uns dann von ihrem Beruf und versuchte, uns zu begeistern, Diakonissin zu werden und das Leben Gott zu widmen. Das aber war nicht nach meinen Vorstellungen, denn mein Traum war es ja, einmal eine Familie zu gründen. Die Schwester ermahnte uns, nie mit einem Mann ins Bett zu gehen, bevor man verheiratet sei. Das habe schlimme Folgen, und Gott würde uns dafür bestrafen, so daß wir ein Leben lang leiden müßten.

Die Männer würden das ausnützen und die Schuld immer auf die Frau abwälzen. Eine Ehe könnte nie glücklich werden mit einer solchen Todsünde, der eheliche Verkehr stehe nur verheirateten Frauen und Männern zu. Sie erklärte uns noch, daß wir uns nie einem Mann nähern dürften und daß ein Mann lange um eine Frau werben müsse.

Die Frau müsse sich rar machen, denn eine Liebe wachse sehr langsam. Ich fand das ganze Theater blöd. Ich wußte, daß die Liebe ganz überraschend kam und daß man ganz automatisch sagte, ich habe dich lieb. Natürlich, »vor dem Bett« hatte ich große Angst und hätte so etwas nie getan. Ich glaubte, wenn man zusammen ins Bett ginge, bekäme man nach neun Monaten automatisch ein Kind, und davor hatte ich einen heiligen Respekt. Mit Hans hätte ich nie über ein solches Thema gesprochen, das kam für uns nicht in Frage. Insgesamt verängstigte uns das Gespräch mit der Schwester jedenfalls nur mehr und half uns nicht weiter.

Nun wurden zu Hause die Vorbereitungen für die Konfirmation getroffen. Mutter besprach mit Köbu die Kleiderfrage. Er sagte, er hätte kein Geld, sie sollte selber schauen. So kam es wieder zu einem Streit zwischen den beiden, und niemand konnte mehr ein Wort mit Köbu sprechen. Auf diese Weise konnte er sich gut aus der Sache halten und brauchte sich um nichts zu kümmern. Auch der Grete gegenüber blieb er stumm. Mutter machte sich große Sorgen, wie wir zu neuen Kleidern kommen sollten. Mir blieb nichts anderes übrig, als das Geld, das ich beim Bauern verdient hatte, herzugeben. Damit wurde nun Stoff für die Grete und mich eingekauft. Ich begehrte zwar auf, aber vergeblich. Es hieß nur, ich hätte verdienen können und die Grete dafür zu Hause helfen müssen. Ja, sie mußte immer weniger arbeiten als ich. Die Mutter war mit ihr viel weniger streng. Wenn ich aufbegehrte, hieß es nur, die Grete sei halt nicht ihr eigenes Kind und sie dürfe darum nicht so hart mit ihr umgehen. Das war eine Ungerechtigkeit mehr, die ich schlucken mußte. Mutter nähte uns dann die Röcke selber, sonst hätte mein Geld nicht gereicht.

So nebenbei wurde auch einmal angesprochen, was aus uns Mädchen werden sollte. Ich wußte schon lange, welchen Beruf ich gerne erlernt hätte: Blumenbinderin wollte ich werden, denn ich liebte Blumen über alles. Mutter wollte nichts wissen von einem solchen Beruf. Für mich komme nur Schneiderin in Frage. Sie meinte, daß es mir später einmal nützen würde, wenn ich für meine Kinder die Kleider selber nähen könnte. Ich wehrte mich, denn Kinder wollte ich jetzt sowieso noch keine, dafür lieber einen Beruf, der mir Freude machte.

Auch in der Schule wurde über die Berufswahl gesprochen, und wir bekamen eine Liste, was für

Mädchen alles möglich war. Blumenbinderin war auch aufgeführt.

Eines Tages bekamen wir Besuch von einer Bekannten, die Mädchen ins Welschland vermittelte. Sie meinte, es wäre nützlich für uns, vor der Berufswahl noch Französisch zu lernen, das würde einen im Leben viel weiter bringen. Sie wisse gerade von zwei offenen Stellen, wo die Leute sehr nett wären. Wir hätten Familienanschluß, und die Leute würden gut für uns sorgen. Das biete auch Gewähr, daß wir nicht verkommen würden. – Man höre oft von Mädchen, die mit unehelichen Kindern aus dem Welschland zurückgekehrt wären – Mutter meinte, es sei sicher das beste für uns, diese Stellen in der französischen Schweiz anzutreten, und die Grete und ich willigten ein. Ein paar Tage später bekamen wir Briefe von unseren »Madames«, darin stand, daß sie sich auf uns freuten. Mit Köbu konnte man noch immer kein Wort wechseln. Er blieb einfach stumm.

Nun war es soweit, der Konfirmationstag war da. Eine Tante kam zu Besuch und brachte eine schöne Torte aus ihrer Bäckerei mit. Mutter hatte sie auch eingeladen, weil sie einen Fotoapparat besaß und dieser Tag so festgehalten werden konnte.

Weil Mutter uns beim Kochen half, konnten wir einmal früher essen, sonst geschah nichts Besonderes. Am Nachmittag gingen wir zur Kirche. Auch Köbu war dabei, denn er hatte am Morgen seine

Sprache wiedergefunden. Auf dem Weg plauderte er mit der Tante und spielte den liebenden Vater.

Die Konfirmationsfeier beeindruckte mich tief. Der Vikar fand schöne Worte für uns Konfirmanden, die uns zu Herzen gingen. Im Chor sagten wir den Katechismus auf. Anschließend bekam jeder seinen Spruch überreicht. Meiner ging so: »All mein Sieg auf Erden, vertrau auf Gott, es wird dir zum Segen werden.« Der Vikar drückte allen die Hand. Bei mir fügte er noch leise hinzu: »Gottes Segen.« Die Worte trieben mir die Tränen in die Augen. Ich hatte das Gefühl, etwas Besonderes erhalten zu haben. Nach der Zeremonie gingen wir auf dem schnellsten Weg nach Hause. Ich kochte Tee und wir verzehrten die schöne Torte. Nachher wurden noch ein paar Fotos gemacht, auch der Köbu stellte sich mit gewölbter Brust dazu. Auf ihn hätte ich gut verzichten können. Die Tante mußte nun schnell aufbrechen, damit sie das Postauto noch erreichte. Unser Ehrentag ging mit den üblichen Arbeiten zu Ende.

Zu Ostern mußten wir noch einmal zur Predigt. Mit den Eltern sollten wir kommen und anschließend das Abendmahl zu uns nehmen. Ich war tief ergriffen. Als ich aus der Hand des Vikars das Brot entgegennahm, kollerten mir Tränen über die Wangen. Das Brot brachte ich fast nicht den Hals hinunter; noch auf dem Heimweg hatte ich daran zu kauen. Wir Konfirmanden mußten anschließend zum Vikar, um uns fotografieren zu lassen. Grete und ich gingen nachher noch auf den Friedhof, sie zum Grab ihrer Mutter und ich zu meinem Vater. Ich stand lange dort und stellte mir vor, wie es wäre, wenn Vater noch lebte. Im stillen bat ich ihn um seinen Segen. Ich war sehr traurig. Ich hätte ihn so gut brauchen können.

Grete und ich schmiedeten am selben Abend noch Pläne fürs Welschland. Wir waren sehr froh, daß wir zusammenbleiben konnten.

Abschied

Bald einmal hieß es Abschied nehmen. In der Schule schmerzte es mich nicht. Ich war froh, nicht mehr hingehen zu müssen. Die Trennung von der Jugendriege war schon etwas schlimmer, denn dort hatte ich mich wohl gefühlt. Auch zum Bauern ging ich noch. Das war der härteste Weg. Doch ich hatte Glück, der Hans war alleine zu Hause. Wir versprachen, einander zu schreiben und uns nicht zu vergessen. Das Versprechen fiel mir nicht schwer, denn ich hatte den Hans lieb. Zum Abschied gab er mir noch einen Kuß. In diesem Moment ging die Tür auf und die Bäuerin trat in die Küche. Wir fuhren auseinander, doch zu spät, sie hatte es gesehen. Mir wurde schlecht vor Angst. Die Bäuerin packte mich am Arm und stieß mich in die Stube. Sie sagte noch einmal, daß ich bedenken solle, was ich sei, die Einwilligung zu einer Heirat mit mir würde sie nie geben. Das wäre unmöglich, ein so armes Mädchen und ihr einziger Sohn. Das beste sei wohl, wenn ich nie mehr etwas von mir hören ließe. Sie werde es zu verhindern wissen, daß wir zusammenkämen. Dann ging sie ins Nebenzimmer und kam mit einem Päckchen zurück. Das sei das Letzte, das ich von ihr erwarten könne. Sonst wolle sie nichts mehr von mir wissen. Sie drückte mir die Hand und wünschte mir alles Gute. Ich würde schon durchs Leben kommen, arbeiten könne ich ja. Der Mund war mir wie zugeschnürt. Hastig drehte ich mich um und ging zur Tür hinaus. Am Brunnen wartete der Hans auf mich, um mir noch Lebewohl zu sagen. Schnell flüsterte er mir zu, er hätte mich lieb und er würde mir schreiben. Schon rief die Mutter wieder nach ihm. Langsam ging ich nach Hause. Die Tränen liefen mir bachweise über die Wangen. Ich haderte mit meinem Schicksal und war böse auf die Bäuerin. Zum Arbeiten war ich ihr gut genug gewesen. Ich mußte immer ordentlich zupacken und wurde nie geschont. Und jetzt wollte sie mich nicht mehr sehen, das war zuviel.

Fremdes Brot

Allerlei Vorbereitungen für das Welschland wurden getroffen. Fein säuberlich nähten wir an alle Kleidungsstücke »Nämeli«. Viele waren es allerdings nicht: drei Hemden, drei Unterhosen und zwei Unterröcke. Etwas davon hatte ich als Geschenk zur Konfirmation erhalten. Mit den Kleidern und Schürzen stand es auch nicht viel besser. Aber ein wunderschönes Exemplar besaß ich doch. Es war ein Regenmantel mit Kapuze und kariertem Futter, den mir Franz geschenkt hatte. Als ich mich bei der Mutter über die wenigen Kleidungsstücke beschwerte, hieß es nur: »Von jetzt an mußt du fremdes Brot essen, das Aufbegehren wird dir dann schon vergehen.« Immer wieder mußte ich mir diese Drohung anhören. Mir war angst und bange, wenn ich an die Zukunft dachte. Grete hatte noch Kleider bekommen. Anscheinend hatte Köbu wieder Geld, aber natürlich nicht für mich. Mein Geld war alles verbraucht. Es blieb mir nichts anderes übrig, als mit dem zufrieden zu sein, was ich hatte. Die Zeit verging nun schnell, der Tag der Abreise rückte immer näher.

Eines schönen Morgens war es soweit. Wir mußten früh aufstehen. Mutter wollte uns begleiten, und auch das Vreneli nahmen wir mit, denn es brauchte noch keine Fahrkarte. Nun hatte aber die Kleine nichts anzuziehen, sie war aus allem herausgewachsen. Mutter fand noch ein gelbes Sommerröckchen und ein himmelblaues gestricktes Leibchen. Doch als das Vreneli angezogen war, mußte auch Mutter zugeben, daß es unmöglich aussah. Also zogen wir ihr das Leibchen wieder aus. Mutter hatte zwar Bedenken, daß die Kleine frieren könnte, aber ich setzte meinen Kopf durch, denn ich hätte mich sonst über ihre Aufmachung geschämt.

Endlich war es soweit. Grete nahm von ihrem Vater Abschied und vergoß ein paar Tränen. Ich hatte mir fest vorgenommen, daß ich nicht weinen würde. Ich reichte Köbu die Hand. Kurz angebunden sagte er »Adieu« und ließ meine Hand schnell wieder los. Als ich mich von Dani verabschiedete, würgte es mich doch im Hals. Auch das Singen mit ihm würde ich vermissen.

Wir nahmen unsere schäbigen Köfferli und wanderten zum Postauto ins Dorf. Als wir beim Bauernhaus vom Hans vorbeigingen, schaute ich mir vergebens die Augen aus. Er war nicht zu erblicken. Schade, ich hätte ihn so gerne noch einmal gesehen. Mein Herz schmerzte mich, wenn ich daran dachte, ihn ein Jahr lang nicht mehr zu sehen. Bis Bern war ich ziemlich in mich gekehrt und versuchte, mit allem fertig zu werden.

Endlich waren wir im Dritteklassewagen der SBB und ratterten Richtung Lausanne. Mit gemischten

Gefühlen saß ich auf der harten Holzbank. Ich hatte große Angst vor der Fremde. Uns war immer wieder eingetrichtert worden, wie hart es sein würde. Mutter brachte noch ihre letzten Mahnungen an. Besonders warnte sie uns beide vor den Männern. Wir sollten ja keinem Mannsbild trauen, die hätten immer etwas Schlechtes im Sinn, wenn sie auch noch so schön täten. Sogar vor Mädchenhändlern warnte sie uns. Wir sollten immer anständig sein und nie frech und uns gut aufführen, so wie sie uns erzogen habe. Und vor allem sollten wir durchhalten und nicht schon nach acht Tagen wieder zu Hause vor der Tür stehen, sonst würden wir zum Gespött des ganzen Dorfes werden. Grete und ich hörten uns alles an, wir waren auf einmal sehr gefügig und still.

In Lausanne trafen wir eine Tante, die uns zeigte, wo das Bähnli nach Cheseaux fuhr. Gegen Mittag kamen wir dort an und wurden von unseren Madames in Empfang genommen.

Frau Staudemann, meine Meisterin, sah rassig aus. Die Madame von der Grete wirkte etwas fadenscheinig.

Mutter und Vreneli kamen erst einmal mit mir, und wir aßen in meinem neuen Heim zu Mittag. Am Nachmittag wollten sie dann bei Grete vorbeischauen. Madame zeigte uns das ganze Haus. Alles war sehr sauber. Auch mein Zimmer fand ich schön. Es hatte zwei Betten, einen Waschtisch, Tisch und

Stuhl und einen Schrank. Ich freute mich, daß ich hier wohnen durfte. Am Mittagstisch lernte ich die ganze Familie kennen. Madame und Monsieur hatten drei Kinder: Heidi war fünfzehn Jahre alt und ging in die neunte Klasse; Colette war dreizehn und Charli elf Jahre alt. Alle sprachen sehr gut Deutsch. Heidi hatte eine verkrüppelte Hand und hinkte stark. Wahrscheinlich war sie deswegen auch eher ruhig und bescheiden. Colette war sehr hübsch und recht vorwitzig.

Am Nachmittag besuchten wir Grete. Heidi führte uns hin. Grete war auf einem großen Bauerngut mit vielen Angestellten untergebracht. Sie zeigte uns ihr Zimmer. Das war eine Pracht. Auch die Leute waren sehr nett. Ihre Madame war Holländerin und sprach auch sehr gut Deutsch.

Nun begleiteten wir Mutter zum Bahnhof. Sie meinte, daß wir beide es gut getroffen hätten. Der Abschied war dann doch etwas schmerzlich. Mutter konnte sich sogar dazu überwinden, uns zu sagen, daß unsere Hilfe ihr fehlen würde. Es freute mich, wenigstens einmal zu hören, daß wir doch etwas wert waren. Tadeln konnte sie nämlich gut, aber ein Lob bekam man fast nie. Grete und ich verabredeten uns für den Mittwochabend. Dann ging jede ihres Weges.

Am Abend verkündete mir die Madame, daß ich am Morgen um fünf Uhr in der Küche sein müsse, sie werde mir dann alles zeigen, und nun solle ich ins Bett. Pünktlich stand ich am nächsten Morgen dort, als ich auch schon die Schritte der Meisterin auf der Treppe hörte. Mürrisch befahl sie mir, den Kochherd auszurußen, und zwar jeden Tag. Sie zeigte mir, wo die Putzsachen lagen. Mit einer Drahtbürste wurden die Herdplatten gebürstet. Die entfernte Asche hatte ich dann in den Garten auf den Kompost zu tragen. Anschließend mußte ich eine Lauge zum Putzen vorbereiten. Aber ich machte alles falsch. Das sei ja schrecklich mit mir, sagte sie, ich könne gar nichts. Ich suchte nach dem Schrubber und fand keinen. Scheu getraute ich mich, die Madame danach zu fragen Ein Schrubber, das komme gar nicht in Frage, bei ihr werde der Boden auf den Knien geputzt. Sie gab mir eine Handbürste, und ich fing an, die Küche und den Gang zu reinigen. Das müsse ich nun jeden Tag tun. Anschließend kamen das Eßzimmer und das Büro, an die Reihe. Dann mußte ich Holz holen, um Feuer zu machen. Die Kinder wecken, ihnen Znünibrote streichen und Kakao kochen. Madame zog ein Metermaß aus der Schublade und zeigte mir, wie ich den Käse abzumessen habe, damit jedes ein gleich großes Stück bekam. Alles war noch rationiert, und es gab nur zweimal in der Woche Käse, an den anderen Tagen gab es ein wenig Kochfett und ein Löffeli Konfitüre aufs Brot. Der Patron, wie ich ihn nennen mußte, war inzwischen im Stall, um die Kühe zu melken. Um 7.15 Uhr kamen dann alle zum Frühstück. Die Kinder gingen anschließend in die Schule, und ich mußte abwaschen. Da zitierte mich die Madame zu sich und beschwerte sich über meine Manieren. Jedesmal, wenn ich ihr von jetzt an begegne, müsse ich einen Knicks machen, also in die Knie gehen, den Kopf nach vorne neigen und »Pardon, Madame« sagen. Etliche Male mußte ich üben, bis es ihr recht war. Dann befahl sie mir, in das obere Stockwerk zu gehen und die Betten zu machen. Auch hier war meine Arbeitsweise völlig falsch, ich kam mir so richtig blöd vor. Außerdem sollte ich meinen Bernerschritt ablegen und mir angewöhnen, mich schneller zu bewegen. Ich sähe aus wie ein Elefant. Sie zeigte mir, wie ich mich zu bewegen hatte. Ich sollte ein wenig mehr Rasse zeigen, so komme man nirgendhin.

Jeden Tag wurde ein anderes Zimmer gründlich geputzt. Alle Schränke und Kommoden mußten hervorgezogen werden, um in den Ecken abzustauben. Der Boden wurde gebohnert und gewachst und dann mit dem Fuß auf einem Wollappen auf Hochglanz poliert. Die Teppiche mußte ich hinter das Haus schleppen und ausklopfen. Wenn sie dann wieder auf den Zimmerböden lagen, kämmte ich mit einem Kamm die Fransen. Nach dieser Arbeit ging es in die Küche, das Gemüse rüsten. In der ersten Zeit half mir die Madame beim Kochen, weil ich anscheinend auch davon nichts verstand. Sie machte alles anders als ich und ließ sonst nichts gelten.

Einige Male vergaß ich den Hofknicks. Jedesmal wies sie mich zurecht. Das war furchtbar unangenehm. Meine Gedanken waren mit den vielen Arbeiten beschäftigt, und ich mußte mich recht konzentrieren, um alles im Kopf zu behalten. Madame sagte mir, sie zeige mir alles nur einmal, dann müsse ich es selber können. Als ich bei einer Begegnung das »Pardon, Madame« vergaß, bekam ich meinen ersten Boxhieb.

Endlich war es soweit, daß alle um den Tisch versammelt waren und die Suppe geschöpft werden konnte. Erst als alle bei Tisch saßen, durfte auch ich mich setzen. Ich war froh, ein wenig sitzen zu können, denn ich hatte schon sieben Stunden schwere Arbeit hinter mir. Nach dem Essen mußte ich wieder abwaschen, allerdings von Heidi unterstützt. Colette konnte machen, was sie wollte. Bald schon fing sie an, mich herumzukommandieren. Heidi galt weniger bei der Madame, das spürte man deutlich, mir tat das Mädchen mit den verkrüppelten Händen leid. Sie war willig und half mir bei der umständlichen Abwascherei. Sie zeigte mir auch, wo alles versorgt werden mußte. Madame verzog sich in den oberen Stock, um sich ins Bett zu legen. Der Patron machte es sich auf dem Diwan bequem und trug mir auf, ihn zu wecken, sobald ich in der Küche fertig sei. Ich müsse ihn dann aufs Feld begleiten.

Der Patron zeigte mir, wie man den Kühen den Kummet an den Leib schnürte, um sie vor den Wagen zu spannen. Pferde hatte er keine mehr. Anschließend mußte ich im Keller Kartoffeln holen, die der Patron am Morgen zum Setzen zurechtgeschnitten hatte. Als der Wagen beladen war, durfte ich aufsteigen und mit dem langsamen Gefährt aufs Feld trotten. Dort wurde mir gezeigt, wie ich die Kartoffeln zu setzen hatte. Der Patron ging mit den Kühen wieder zurück. Nun war ich allein. Ich fürchtete mich, denn weit und breit war kein Haus und kein Mensch zu sehen. Alles war flach, die ganze Gegend hier, weder Strauch noch Berg, nichts. Mir war die Landschaft unheimlich und es gefiel mir gar nicht. Ich packte das Werkzeug fest in die Hand und begann, den Boden zu bearbeiten. Nachdem ich eine Furche gegraben hatte, legte ich die erste Reihe Kartoffeln ein, schön Fuß um Fuß eine, bis die Reihe fertig war. Dann wurden die Kartoffeln zugedeckt und ein neuer Graben entstand. Sehnsüchtig schaute ich den langen Weg entlang, ob der Monsieur nicht bald erscheinen würde. Aber ich mußte lange warten, bis er endlich am Horizont auftauchte. Bald spürte ich die ersten Blasen an meine Händen. Zwei Stunden half mir der Patron, die schwere Erde umzugraben.

Das Blut lief mir längst über den Hauenstiel, doch ich getraute mich nicht, etwas zu sagen. Notdürftig wickelte ich das Taschentuch um die Hand, um den ärgsten Schmerz zu verhindern. Ständig wechselte ich das Taschentuch von der einen Hand zur anderen. Anschließend gingen wir auf ein anderes Feld, um Gras für die Kühe zu holen. Dann endlich konnte ich nach Hause zurück. Es war ein langer Nachmittag, ohne etwas zu essen und zu trinken. Mir wurde ganz elend, wenn ich daran dachte, wie viele Nachmittage ich noch auf dem Acker verbringen mußte. Doch es war immer noch besser als bei der Madame, denn ich brauchte mich nicht zu verbeugen.

Wieder zurück, gab mir die Madame Anweisungen fürs Nachtessen. Auch das Schweinefutter mußte ich kochen und im Schopf Holz holen. Nach dem Essen wieder abwaschen und die Küche in Ordnung bringen. Meine Hände schmerzten wahnsinnig, aber ich hätte nie den Mut gehabt, etwas zu sagen. In alle Zimmer mußte ich Wasser zum Waschen bringe, die Betten aufdecken und der Madame das Nachthemd zurechtlegen. Sie saß in dieser Zeit in einem Schaukelstuhl und las ein Buch. Die Kinder machten Schulaufgaben und der Patron arbeitete noch im Stall. Inzwischen war es halb neun geworden. Ich wünschte gute Nacht und schlich hundemüde in den oberen Stock. Erschöpft sank ich auf mein eisernes, hartes Bett. Mir wurde angst und bange, wenn ich daran dachte, daß nun jeder Tag so schrecklich werden sollte. Langsam löste ich meine Flechten, die ich zu einer Krone um den Kopf gesteckt hatte. Oberflächlich wusch ich mich und schlüpfte ins Bett. Aber einschlafen konnte ich nicht so schnell. Ich überdachte den ganzen Tag, um mir alles in Erinnerung zu rufen, denn am nächsten Morgen mußte ich ja alles allein besorgen.

Um halb fünf riß mich der Wecker aus tiefem Schlaf. Ich begriff lange nicht, daß das Läuten mir galt und ich schon wieder aufstehen mußte. Wie gerädert schlich ich aus dem Bett, um mich zurechtzumachen für den neuen Tag. Ich mußte mich wahnsinnig beeilen, damit ich alles bewältigen konnte, denn heute war ich ja allein. Die Madame kam erst um neun Uhr in die Küche, und ich mußte ein zweites Mal Feuer machen, um für sie Frühstück zu kochen. Auch ein weiches Ei wollte sie haben. Dann setzte sie sich an den Tisch, und ich mußte ihr alles zurechtlegen und noch ständig den Knicks anbringen. Wenn ich es vergaß, bekam ich eine Ohrfeige oder einen Hieb. Auch nannte sie mich dauernd sale-bête. Die Tränen saßen mir sehr locker in den Augen. Am dritten Tag schlich sich die Madame am Morgen an, um zu sehen, ob ich alles so machte, wie sie befohlen hatte. Als sie nichts fand, um daran etwas auszusetzen, rauschte sie mit ihrem roten

Hauskleid wieder davon. Mit großer Erleichterung schaute ich ihr nach. Nun wußte ich, daß sie ständig auf der Lauer lag. Ich konnte mich also nie sicher fühlen, ganz unerwartet tauchte sie immer wieder auf. Ich fürchtete die Madame, sie hatte böse Augen und häßliche Hände.

Am Mittwochabend erlaubte mir die Madame, Grete zu besuchen, nur Heidi sollte ich mitnehmen. Das Gut lag etwas außerhalb der Dorfes, und wir mußten etwa fünfzehn Minuten gehen. Die Grete hielt sich mit der Familie in der Küche auf, und sie schienen es sehr lustig zu haben. Heidi und ich durften uns auch zu ihnen setzen. Gretes Madame fragte mich über meine Arbeit und sonstigen Verhältnisse aus. Alle waren ziemlich entsetzt, als sie hörten, was mir alles aufgehalst wurde. Heidi sprach kein Wort. Natürlich hatte sie alles verstanden, denn sie sprach ja sehr gut Deutsch. Dann machten wir uns schon bald wieder auf den Heimweg, ich mußte spätestens um zehn Uhr im Bett sein. Grete gefiel es sehr gut bei ihrer Familie, alle seien sehr lieb zu ihr. Da erzählte ich ihr noch schnell von den Ohrfeigen und den Hieben. Sie fand es schrecklich. Ihre Madame lud mich ein, öfters zu kommen. Ich versprach es, denn da wußte ich noch nicht, daß es das erste und das letzte Mal sein würde.

Am folgenden Tag bekam ich eine tüchtige Strafpredigt. Die Madame verbot mir, wieder dorthin zu gehen. Wenn ich sie verleumden wolle, so dürfe ich nie mehr aus dem Haus. Das sei ja schrecklich, was ich da alles ausgeplaudert hätte. Auch meine Stiefschwester wolle sie hier nie sehen. Dann gab sie mir eine kräftige Ohrfeige, die sei für die Verleumdungen und die Lügen, die ich über sie erzählt hätte. Die andere Strafe bekäme ich am Abend. Sie werde sich noch überlegen, wie sie mich bestrafen wolle. Die Tränen liefen mir über die Wangen. Ich konnte die Ungerechtigkeit nicht fassen. Wenn es nur nie Abend werden würde.

Aber der Abend kam. Ich mußte auf einem kantigen Scheit knien und den Kopf tief senken. Die Kinder durften mich auslachen und treten. Nach einer halben Stunde kam der Patron in die Küche und befahl mir aufzustehen. Die Madame schäumte vor Wut. Ich mußte ins Bett. Da aber mein Zimmer über der Küche lag, hörte ich die beiden noch lange streiten, bis plötzlich eine Tür zugeschlagen wurde und der Patron aus dem Hause ging. Als ich in den Spiegel schaute, sah ich die häßliche Hand der Madame auf meiner Wange abgezeichnet und dies ließ mich wieder in Tränen ausbrechen. Ich entschloß mich, alles der Mutter zu schreiben. Als ich den Brief zukleben wollte, ging die Tür auf und die Madame stand im Türrahmen. »Ich habe es mir doch gedacht«, sagte sie und riß mir den Brief aus den Händen, um ihn zu lesen. Dann zeterte sie los, was ich doch für ein verlogenes Vieh sei, sie werde mir das Lügen schon austreiben, und zerriß den Brief. Ich hatte nie mehr Gelegenheit, einen ungelesenen Brief nach Hause zu senden, denn von diesem Tag an war ich nicht mehr allein. Heidi mußte bei mir einziehen, so daß ich dauernd unter Kontrolle stand. Ich mußte nach Hause schreiben, was mir die Madame diktierte.

Nach einer Woche erhielt ich von der Mutter einen Brief. Sie schrieb mir, daß Vreneli eine Lungenentzündung bekommen habe und daß nur ich daran schuld sei, weil ich ihm das Leibchen nicht angezogen hätte. Ich wurde mit der Last fast nicht fertig. Hier hatte ich ein Hundeleben, und nun war ich auch noch verantwortlich für die schwere Krankheit meines Schwesterchens. Die Madame hatte den Brief vor mir gelesen. Sie öffnete jeden an mich adressierten Brief und gab ihre Kommentare dazu ab.

Am Sonntag kam die Grete und wollte mich zu einem Spaziergang abholen. Aber die Madame fing sie ab und sagte ihr, daß sie nie mehr hierherkommen solle. Sie lasse mich nicht aus dem Haus, sie dulde nicht, daß ich auf der Straße herumlungere. So kam es, daß ich nie mit den anderen Deutschschweizern ausgehen konnte. Auch die Grete kam nie mehr vorbei. Manchmal durfte ich am Sonntagnachmittag mit Heidi spazieren gehen. Da sah ich die Grete von weitem, wie sie mit anderen Burschen und Mädchen unterwegs war. Sprechen konnte ich nicht mit ihr, denn ich war nie allein, sondern die Gefangene der Madame. Grete hatte nach Hause geschrieben, daß sie mich nicht sehen dürfe und daß ich immer mit einem Wachhund unterwegs sei. Da wollte die Mutter wissen, was los sei. Die Madame hatte den Brief natürlich gelesen und zurückgeschrieben, daß sie mich nicht aus dem Haus lasse, weil ich sonst den Burschen nachlaufe, und sie wolle nicht schuld sein, wenn ich Dummheiten anstelle. Noch mehr Lügen erzählte sie über mich. Ich war total machtlos gegen das Ungeheuer. Nur arbeiten, jeden Tag etwa fünfzehn Stunden lang, das war mein Vergnügen. Nun wußte ich, wie fremdes Brot schmeckte.

Die Madame fand, daß nur Arbeit mir die Flausen austreiben könne. Jeder Tag, den ich hier leben mußte, war eine Qual und ich weinte öfters. Der Patron wurde immer zornig, wenn er es sah. Er fragte dann, was jetzt schon wieder los sei, das sei ja zum Davonlaufen, was er auch öfters tat. Er ging in die Wirtschaft. Auch nach der Käserei kam er selten nach Hause. Madame aß mit uns das Abendbrot und war wütend. Meistens schickte sie Heidi oder Colette in die Wirtschaft, um den Monsieur zu holen. Aber sobald er in die Küche trat, erhob sich Madame, nahm ihren Teller und kippte den Inhalt in den Schweinekessel. Darauf stritten sie sich immer fürchterlich.

Eines Abends tobte draußen ein schreckliches Gewitter, und die Madame drehte durch: Auf einmal holte sie in der Tenne ein grobes Seil. Damit huschte sie an mir vorbei auf den Dachboden, um sich zu erhängen. Ich holte den Patron, der mir sofort folgte. Die Kinder und ich saßen eng zusammengekauert auf der Treppe und schlotterten am ganzen Leib. Wir fürchteten uns wahnsinnig. Nun fiel auch noch das Licht aus, und immer wieder erhellten helle Blitze das Treppenhaus, worauf ein heftiges Donnerrollen folgte. Ich hatte das Gefühl, ich saß schon eine Ewigkeit auf diesen Stufen, als endlich die Tür aufging und der Patron die Madame durch die Tür schob und mit ihr im Schlafzimmer verschwand. Es war grauenhaft. Die zwei sahen wir an diesem Tag nicht mehr. Die Kinder waren ganz verstört und weinten immer wieder. Charli wich nicht mehr von meiner Seite. Er drückte sich eng an mich, und ich mußte den Arm um ihn legen, damit er sich ein wenig beruhigte. Mit der Laterne gingen wir dann zusammen in den Stall, um die Kühe zu tränken, der Patron war nicht mehr dazu gekommen. Abgewaschen wurde nicht mehr, dazu war ich nicht mehr fähig. Die Kinder baten mich, bei mir schlafen zu dürfen. Ich ging mit ihnen nach oben, wo wir uns auszogen. Colette und Heidi hielten sich fest an den Händen. Ich deckte sie zu und strich ihnen übers Haar, doch die Tränen wollten nicht versiegen. Charli mußte ich lang streicheln, bis er sich, eng an mich gedrückt, beruhigte und einschlief. Am nächsten Morgen erschien die Madame so, als wäre nichts geschehen. Kein Wort wurde über die vergangene Nacht verloren. Der Patron blieb nun ein paar Tage zu Hause. Er ließ die Madame kaum aus den Augen. Doch bald fing der ewige Streit wieder an. Madame war immer schlechter Laune und unzufrieden.

Ich bekam die Periode nur einmal im Welschland. Madame fragte mich, was los sei, ob ich ein Kind erwarten würde. Ich lief rot an vor Scham, daß sie mir so etwas zutraute. Ich hatte ein gutes Gewissen. Sie meinte, sie würde mich im Auge behalten, das wäre nicht normal. Ich vermißte die Sache nicht und konnte gern auf die heftigen Bauchschmerzen verzichten. Geld für Binden hätte ich sowieso keines gehabt. Immer wenn ich den Lohn bekam, begleitete mich die Madame in die Krämerei, um Toilettensachen und sonst noch allerlei zu kaufen. Dann mußte Heidi mit mir zur Coiffeuse gehen, um meine Haare waschen zu lassen. So blieb mir meistens nur noch ein Fünffrankenstück übrig, und das reichte nicht mehr weit.

Es kränkte mich sehr, daß Madame meinte, ich bekäme ein Kind. Abhauen konnte ich mit dem wenigen Geld, das mir blieb, nicht. Dazu wurde ich Tag und Nacht bewacht. Tausendmal überlegte ich mir, wie ich dieser Hölle entrinnen könnte, aber ich fand keinen Ausweg. Auch hätte ich mir nicht zugetraut, allein mit dem Zug zurechtzukommen. Alles flößte mir Angst ein. Immer noch glaubte ich, dumm zu sein, und hatte überhaupt kein Selbstvertrauen. Sie hätten mich wahrscheinlich gar nicht so zu bewachen brauchen.

Einmal fuhr die Madame mit Heidi nach Lausanne, um Kleider zu kaufen. Colette sollte auf mich aufpassen. Diese Gelegenheit benutzte ich, um endlich einmal dem Hans zu schreiben. Lange hatte ich auf diesen Moment gewartet. Von ihm hatte ich seit drei Monaten nichts mehr gehört. Auch der Mutter schrieb ich und diesmal die Wahrheit. Unbeobachtet gelangte ich mit den Briefen zur Post. Ich fühlte mich glücklich, einmal nicht kontrolliert zu werden. Und doch hatte ich ein wenig ein schlechtes Gewissen und Angst, es könnte herauskommen. Nach Hans hatte ich großes Heimweh, aber ich durfte es niemandem erzählen. Alles ging gut, und ich bekam sogar einen Brief von ihm. Der Patron hatte den Briefkasten geleert und mir den Brief übergeben. Mit Herzklopfen verzog ich mich damit in den Holzschopf. Dort fühlte ich mich sicher. Doch bald rannen mir die Tränen über die Wangen. Hans schrieb mir, der Brief sei angekommen, aber er habe ihn nicht lesen können, seine Mutter habe ihn vor seinen Augen in den Ofen gesteckt. Sie habe furchtbar gescholten. Ich solle nicht mehr schreiben, er habe sonst nur Unannehmlichkeiten. Die Mutter sei auf der Suche nach einer passenden Frau für ihn. Er liebe zwar mich, aber gegen die Mutter könne er nichts ausrichten. Ich dürfe ihm nicht mehr schreiben, und wir sollten abwarten, bis ich nach Hause käme. Der Schmerz in mir war übergroß, und ich fühlte ein heftiges Stechen in der Brust. Hätte ich den Mut gehabt, so hätte ich diesem lausigen Dasein ein Ende gemacht, denn für mich hatte das Leben so fast keinen Sinn mehr. Ich ließ meinen Tränen freien Lauf, bis mich die Stimme der Madame aufschreckte. Am liebsten hätte ich die Ohren zugehalten, ich konnte sie fast nicht mehr ertragen. Langsam erhob ich mich vom Holzstock, um ins Haus zu gehen, doch die Tränen konnte ich nicht aufhalten. Als die Madame mein Gesicht sah, wurde sie zornig, weil ich schon wieder geweint hatte. Ich vergaß auch den Knicks, wofür ich wieder mit einem Boxhieb bestraft wurde. Sogar ihre Schläge berührten mich in diesem Moment nicht, denn ich hatte das Gefühl, alles verloren zu haben. Ich war einsam, elend und traurig.

Mit der Madame wurde es zunehmend schlimmer. So alle vierzehn Tage war es einmal soweit, daß sie mit dem Seil verschwand und der Patron sie holen mußte. Es war jedesmal schrecklich. Oft war der Meister noch in der Wirtschaft, und ich mußte eines der Kinder schicken, um ihn zu holen. Jedesmal hatte ich wahnsinnige Angst, daß er zu spät kommen könnte.

Madame hatte unwahrscheinlich viele Kleider und Schuhe. Ein ganzes Zimmer voller Schuhe, Paar um Paar aneinandergereiht. Jede zweite Woche mußte ich alle putzen und fein säuberlich hinstellen, auch wenn sie unbenutzt waren. Nebenan war ein Zimmer voller Kleider. An langen Stangen hingen unzählige Röcke und Blusen in allen Farben und Formen. Ein Kleid gefiel mir ganz besonders gut: Es war aus dunkelblauer Seide und mit weißen Tauben bestickt. Diesen Rock sah ich mir immer wieder an, wenn ich putzen mußte. Er war neu wie viele der Kleider, die hier hingen. Ich überlegte, wenn die Madame sich das Leben nähme, würde ich den Patron fragen, ob er mir dieses Kleid geben würde, so sehr gefiel es mir.

Einmal war ein großes Fest im Dorf, und ich durfte mit den Kindern hingehen. Da sah ich auch die Grete wieder. Aber ich konnte nicht mit ihr sprechen, denn Heidi drängte immer von ihr weg. Die Kinder wollten auf den Rummelplatz, und ich ging mit ihnen auf die Schifflischaukel. Die acht Franken in meinem Geldbeutel wollte ich ausgeben. Immer wieder ging ich auf die Schaukel. Ich fand es schön, so durch die Luft zu fliegen. Ich hatte das Gefühl, frei, frei zu sein und dem Himmel ganz nahe. Viel zu früh mußte ich wieder heim, denn mir war übel vom vielen Fliegen und ich mußte erbrechen.

Jeden Monat einmal hatten wir große Wäsche. Das war mir zuwider. Am Vormittag mußte ich die Wäsche in Javelwasser einweichen, und das haßte ich über alles. Der Gestank brachte mich zum Erbrechen. Am Waschtag konnte ich nichts essen, mir war den ganzen Tag über schlecht. Der Waschherd stand hinter dem Haus, den mußte ich schon morgens früh einheizen. Alle Wäsche wurde auf dem Waschbrett geklopft und durchgeknetet. Gespült wurde am Dorfbrunnen. Mit der Waschbahre fuhr man alles hin und zurück. Das machten alle Leute so. Viele wuschen überhaupt beim Brunnen. Er hatte ein Dach und war zum Waschen eingerichtet. Das war immer ein anstrengender Tag, und am Abend hatte ich meine Hände blutig gerieben. Doch wenigstens half die Madame hier tüchtig mit und war einigermaßen erträglich.

In der letzten Zeit kam öfters eine Freundin der Madame zu Besuch. Ich wurde gefragt, ob ich im Frühling zu ihr kommen wolle. Sie habe ein großes Haus in Lausanne, ich würde es gut haben bei ihr. Doch ich wußte, wie das »Guthaben« aussah, ich erlebte es alle Tage. Die Dame aus Lausanne erzählte mir, sie habe eine Turnhalle und treibe jeden Morgen Gymnastik. Das machte mir mächtigen Eindruck, denn geturnt hätte ich für mein Leben gerne. Das Turnen stehe natürlich nur ihr zu, meinte sie dann noch, ich hätte andere Aufgaben. Aber sehr gutes Essen würde ich bekommen. Heute abend gebe es zum Beispiel Hörnli und Würstchen. Das wäre schon besser als jeden Tag Suppe oder Rösti. Die zwei Frauen bearbeiteten mich noch lange, doch ich traute der Sache nicht. Überhaupt wollte ich nicht im Welschland bleiben. Französisch hatte ich auch noch nicht gelernt. Die zwei rühmten sich noch den ganzen Nachmittag lang, ich aber blieb mißtrauisch und versprach nichts. In mir war eine Stimme, die mir abriet. Und überhaupt hätte die Madame ein solches »Sale-bête«, wie sie mich immer nannte, kaum weiterempfohlen. Am nächsten Tag sagte mir die Meisterin, sie habe ihrer Freundin versprochen, daß ich im nächsten Frühjahr zu ihr kommen würde. Ich wurde einfach verkuppelt; für die zwei war es beschlossene Sache, und ich hatte mich zu fügen. Ängstlich wie ich war, getraute ich mich auch nicht zu widersprechen.

Einmal bekam ich einen Brief von der »Jungen Kirche«. Sie luden mich zu einem deutschsprachigen Gottesdienst ein und zu einem Treffen für Deutschschweizer. Die Madame öffnete wie üblich meine Post. Kaum hatte sie den Brief gelesen, ging das Gezeter auch schon los. Es komme überhaupt nicht in Frage, daß ich dorthin gehe, das dulde sie nicht, sonst würde ich noch Lügen über sie erzählen. Nun wußte ich genau, warum sie mich so bewachte: Sie hatte Angst, daß ich etwas ausplaudern könnte und die Dorfbevölkerung dann über ihre miserablen Verhältnisse unterrichtet wäre.

Die Beziehung zwischen den Meistersleuten wurde von Tag zu Tag schlechter. Oft stritten sie schon am Vormittag. Lohn hatte ich schon seit zwei Monaten nicht mehr erhalten. Ich getraute mich nicht, danach zu fragen, und die Madame erwähnte es mit keinem Wort. Sie wurde immer unerträglicher. Eines Tages verlangte sie, ich solle rückwärts zur Tür hinausgehen, denn sie möge meinen Rükken nicht ansehen. Mit einem Kessel voller Schweinefutter konnte ich aber nicht rückwärts gehen, und das gab ihr wieder Anlaß, mich nach Strich und Faden zu verdreschen. Sie schlug hemmungslos auf mich ein. Anschließend rannte sie weinend die Treppe hinauf in ihr Schlafzimmer, wo sie sich den ganzen Tag einschloß. Ich verzog mich ins Holzhaus, um mich auszuweinen. Am Abend holte der Patron den Schlosser, um die Tür des Schlafzimmers öffnen zu lassen, denn trotz allen Bitten und Bettelns der Kinder hatte die Madame das Zimmer seit dem Morgen nicht mehr verlassen. Endlich war die Tür offen und der Patron konnte hinein. Drinnen blieb es still. Etwas später kam er dann in die Küche und holte etwas zum Essen. Ich mußte nach den Kindern schauen und die Arbeiten im Stall erledigen. Das waren Momente, wo ich mich grausam fürchtete und die Angst fast nicht verkraften konnte. Ich merkte auch, daß die Familie kein Geld hatte und dies mit ein Grund war, warum der Streit immer wieder losbrach.

Das Heu und die Ernte wurden eingebracht. Die Garben waren sehr schwer. Charli und ich mußten sie dem Meister auf den Wagen reichen, damit er dann das Fuder richtig stapeln konnte. Die Madame zog den Rechen. Das waren friedliche Momente, die ich sehr genoß, trotz der schweren Arbeit. Mein altes Rückenleiden machte sich wieder bemerkbar. Später brachten wir das Getreide in die Dreschhütte, wo ich beim Dreschen helfen mußte. Ich war auch da nie allein. Der Patron blieb stets an meiner Seite. Einer der Männer, die dort arbeiteten, lobte mich einmal. Das konnte ich fast nicht glauben, so etwas war noch nie vorgekommen. Er sagte, ich sei sehr schön und habe Augen wie Bergseen, so klar und blau. Das freute mich riesig, denn ich wußte nicht, ob ich hübsch war. Trotz Staub und der harten Arbeit hätte ich es hier noch lange ausgehalten, nur weil ich auch einmal wie ein normaler Mensch behandelt wurde.

Eines Abends mußten wir schon um fünf Uhr zu Abend essen. Madame war guter Dinge. Sie half mir und sang und lachte. Ich begriff nicht, was los war, denn ich verstand nie ein Wort, wenn sie miteinander sprachen. Sie küßte sogar den Patron, was vorher noch nie vorgekommen war. Dann befahl sie mir, den Waschkessel mit Wasser zu füllen und Feuer zu machen. Auch in der Küche mußte ich alle großen Gefäße mit Wasser füllen und erhitzen. Ich dachte zuerst, daß alle baden wollten. Um sieben Uhr kamen zwei Autos mit Männern, und ich wurde ins Bett geschickt. Es kam mir eigenartig vor, daß die Madame mich so früh ins Bett schickte, denn sonst hatte sie am Abend immer noch Arbeit für mich. Als ich im Bett lag, hörte ich im und ums Haus herum ein geschäftiges Treiben. Ich hielt es nicht mehr aus im Bett und schaute zum Fenster hinaus. Das konnte ich tun, weil ich alleine war, Heidi war noch bei Colette. Dann sah ich, daß alle Männer Metzgerkleidung trugen. Was sie wohl machten? In der Nacht wachte ich einige Male auf durch den Lärm in Haus, Tenne und Stall. Mir war es nicht wohl, denn ich spürte, daß etwas Schlimmes getrieben wurde. Erst am Morgen, als ich aufstehen mußte, hörte ich die Autos wegfahren. Der Patron und die Madame verschwanden im Schlafzimmer. In der Küche brannte noch das Feuer im Herd, und auf dem Tisch standen riesige Schüsseln mit Fleisch. Alles war schmutzig und unheimlich. Der Patron kam nicht, um die Kühe zu versorgen, da wollte ich ihnen das Futter bringen, aber kein einziges Stück stand mehr in der Tenne. Dann schaute ich in den Stall. Dort waren auch keine Kühe mehr. Ich schaute mit Glotzaugen auf das leere Lager. Alles war naß. Nun ging mir ein Licht auf: das Fleisch in der Küche – keine Kühe mehr. Sie mußten sie in der Nacht geschlachtet haben. Noch immer war alles rationiert und das Fleisch sehr rar. Was sie da getan hatten, war strengstens verboten. Den ganzen Tag sah ich die zwei nicht mehr. Erst gegen Abend tauchten sie wieder auf, die Madame in glänzender Laune. Am nächsten Tag fuhr sie mit dem Bähnli nach Lausanne. Sie kam erst am Abend nach Hause, bepackt mit Paketen voller Kleider und Schuhe, die sie in ihren Schränken verstaute. Auch Colette erhielt ein neues Kleid; die anderen gingen leer aus. Ich hoffte, daß ich nun endlich meinen Lohn bekommen würde. Seit drei Monaten hatte ich kein Geld mehr gesehen. Seife und Zahnpasta waren mir längst ausgegangen. Auch die Haare hatten eine Wäsche nötig. Arbeiten durfte ich und den Grind herhalten, aber Lohn bekam ich keinen. Mir war alles verleidet, aber ich wußte nicht, was tun.

Zu dieser Zeit wurde in einem Lausanner Kino der Schweizerfilm »Marie-Louise« gespielt. Die Mädchen bettelten bei der Madame, sich diesen Film ansehen zu dürfen. Nach langem Hin und Her erlaubte sie, daß Heidi und Colette in meiner Begleitung nach Lausanne fahren dürften. Madame gab Colette Geld für die Fahrt und die Eintrittskarten. Glücklich saßen wir im Kino. Für mich war es überwältigend, denn es war das erste Mal, daß ich mir einen Film ansehen konnte. Die gepolsterten Sitze, die Samtvorhänge und überhaupt die ganze Atmosphäre hinterließen einen tiefen Eindruck. Auch der Film war ein einmaliges Erlebnis. Nach dem Kinobesuch war es noch zu früh, um auf den Bahnhof zu gehen. So sahen wir uns die Schaufensterauslagen der Lausanner Geschäfte an. Ich war beeindruckt von dem riesigen Angebot. Und diese Preise! Das war doch nicht möglich, daß ein Nachthemd 50 Franken kosten konnte. Dafür hätte ich fast zwei Monate arbeiten müssen. Ein Wunschtraum, der sich sicher nie erfüllen würde.

Aber auch die vielen Lichter brachten mich zum Staunen. Ich war noch nie nachts allein in einer Stadt gewesen. Verzückt stand ich da. Als ich mich umdrehte, war ich auf einmal ganz allein. Ich bekam wahnsinnige Angst, ich hatte keinen Rappen in der Tasche und das in einer mir fremden Stadt. Plötzlich entdeckte ich die Mädchen. Sie waren schon zwei Häuserreihen weiter und rannten so schnell sie konnten. Ich nichts wie hinterher. Bald hatte ich sie eingeholt, denn Heidi konnte mit ihrem lahmen Bein nicht so schnell laufen. Die zwei wollten mir einen Streich spielen, aber zum Glück war ihnen der teuflische Plan nicht geglückt. Ich durfte gar nicht daran denken, was passiert wäre, wenn ich die Mädchen nicht erwischt hätte. Es machte mich traurig, daß Heidi auch mitgeholfen hatte, denn wir waren fast wie Schwestern und ich arbeitete viel für sie. Colette hingegen war ein kleines Luder.

Bald standen wieder zwei neue Kühe im Stall, und alles ging seinen gewohnten Gang. Madame war sehr nervös und schlug mich öfters. Auch verschwand sie immer häufiger mit dem Seil auf dem Dachboden.

Eines Tages mußte ich wieder früh zu Bett. Aber diesmal wußte ich, warum: Sie wollten wieder schlachten. Am nächsten Morgen stand nur noch eine Kuh im Stall. Zwei Tage später fuhr die Madame mit mir nach Lausanne, um neue Kleider zu kaufen; über den Lohn verlor sie kein Wort. In der »Innovation« in Lausanne kaufte sie mir einen rotkarierten Rock und eine rote Bluse, die überhaupt nicht zu meinen blonden Haaren und blauen Augen paßten. Auch betonten sie meine Figur sehr unvorteilhaft, denn ich hatte sieben Kilogramm zugenommen. Neue Unterwäsche und Strümpfe bekam ich ebenfalls: meine ersten durchsichtigen Strümpfe; ich getraute mich kaum, sie anzufassen. Dann kaufte sie mir noch Zahnpasta, Zahnbürste und eine Seife.

Ich hätte auch gerne eine Creme gehabt, denn die Haut meines Gesichtes war sehr rauh geworden und die Hände voller Risse. Aber ich wagte nicht, den Wunsch auszusprechen, so wie ich zu dem ganzen Einkauf geschwiegen hatte. Ich wurde überhaupt nicht gefragt, was ich wollte oder ob es mir gefiel. Am Abend legte sie mir dann die Abrechnung vor. Sogar unsere Fahrkarten und der Kaffee, den wir getrunken hatten, standen darauf. Doch das Schlimmste kam noch. Den Kinobesuch samt Zug für mich und die Mädchen verrechnete sie mir. Ja, schließlich hätten die beiden mich begleiten müssen. Von meinen vier Monaten Gehalt blieben nur zwanzig Franken übrig. Davon mußte noch die Coiffeuse bezahlt werden, denn meine Haare sahen pappig aus. Ich war zornig und traurig, aber das kümmerte Madame wenig. Beim Gutenachtsagen meinte sie: »Du hast etwas vergessen.« Ich studierte, aber mir kam nichts in den Sinn. »Ich will es dir sagen, du Sautier. Ein herzliches Dankeschön dürftest du sagen, für alles, was ich für dich getan habe. Aber du bist unwahrscheinlich undankbar und verstockt.« Ich würgte ein »Danke« hervor, obwohl ich sie am liebsten angespuckt hätte. Dieser Einkaufstag in Lausanne war mein einziger freier Nachmittag während der ganzen Zeit gewesen.

Mein Leiden fand dann ein jähes Ende. Ich erhielt eines Tages einen Brief von der Mutter, ich solle sofort heimkommen, sie liege mit Diphtherie im Spital. Ich hatte große Angst, denn ich wußte um die

Schwere dieser Krankheit. Als Kind war Mutter schon einmal daran erkrankt und wäre damals fast erstickt. Sie im Spital zu wissen, war irgendwie unheimlich. Natürlich hatte die Madame den Brief wieder zuerst gelesen. Diese neuen Ereignisse paßten ihr gar nicht. Auch zu der Grete durfte ich nicht selbst gehen, um sie von allem zu unterrichten. Die Meisterin teilte ihr alles telefonisch mit. Dann bürdete sie mir noch Arbeit auf, die ich fast nicht bewältigen konnte, denn am nächsten Tag, so hatten sie beschlossen, durfte ich reisen. Es war bereits Mitternacht, als ich endlich todmüde ins Bett fiel. Die Madame packte mir das Nötigste in eine Tasche, meinen Koffer und die meisten Kleider mußte ich dort lassen. Eindringlich bat sie mich, wieder zurückzukommen, sobald Mutter gesund sei. Ich könne sie nicht im Stich lassen, denn ich sei erst sieben Monate da und die Abmachung laute auf ein Jahr. So mitten im Jahr bekomme sie kein anderes Mädchen. Ich war dumm genug, ihr zu versprechen, daß ich wiederkommen würde.

Als ich mich wusch, betrachtete ich die blauen Flecken an meine Armen und am Rücken, die sie mir wieder geschlagen hatte. Nun kamen mir doch Zweifel, ob ich je dorthin zurückkehren würde. Als ich im Bett lag, hörte ich, wie so oft in letzter Zeit, die Deutschschweizer auf der Straße singen. Ich wäre zu gern dabei gewesen. Französisch hatte ich nicht gelernt, nur einmal bei Madame eine halbe Stunde den versprochenen Unterricht erhalten. Sie hatte mir sogar ein Heft gekauft, in dem ein Dutzend Wörter standen, darunter natürlich »Pardon, Madame«. Bald hatte sie das Ganze aber wieder aufgegeben, weil sie fand, daß ich zu dumm sei, die Sprache zu lernen.

Am nächsten Morgen stand ich um fünf Uhr auf und verrichtete meine Arbeit zum letzten Mal, denn ich durfte erst am Mittag abreisen. Nun stand ich noch vor einem großen Problem, ich hatte nur noch zehn Franken im Sack und das wußte Madame. Sie wartete, bis ich mich getraute, sie um Geld für die Reise zu bitten. In der Zwischenzeit war ich sechzehn Jahre alt geworden und mußte den vollen Preis für die Fahrkarte bezahlen. Sie gab mir zwanzig Franken, aber ich mußte ihr versprechen, daß ich das Geld noch abarbeiten würde. Madame und Heidi begleiteten mich auf den Bahnhof. Bevor der Zug abfuhr, küßten sie mich auf beide Wangen. Das war mir sehr fremd und ich errötete. Ich saß am Fenster und schaute, wie die beiden winkten, bis ich sie nicht mehr sehen konnte.

Ängstlich saß ich im Zug, denn ich wußte nicht, ob ich den Heimweg schaffen würde. Ich war noch nie allein so weit gereist. Ich schaute ständig aus dem Fenster, damit ich alle Ortsnamen lesen konnte, um ja die Stationen, wo ich umsteigen mußte, nicht zu verpassen. Doch am Abend stieg ich glücklich mit meiner schäbigen Tasche in Riggisberg aus dem Postauto. Meine Augen suchten die Berge, die ich so lange vermißt hatte. Es war schön, die Sprache, die um mich herum gesprochen wurde, zu verstehen. Ich fühlte mich glücklich und endlich wieder frei!

Als ich der Mutter die ganze Welschlandgeschichte erzählt hatte, war es klar, daß ich nicht mehr dorthin zurückkehren würde. Ich schrieb der Madame, daß ich nicht mehr kommen würde und sie mir meine restlichen Sachen nachschicken sollte. Nach vierzehn Tagen erhielt ich den Koffer per Nachnahme, denn sie wollte die zwanzig Franken, die sie mir gegeben hatte, wieder zurück. Ich hatte noch fünfzehn Franken zugut gehabt, da ich seit der sagenhaften Abrechnung bereits wieder vierzehn Tage gearbeitet hatte. Der Koffer stand noch eine ganze Woche auf der Post, bis mir Köbu endlich das Geld gab, um ihn auszulösen.

Ein halbes Jahr später schrieb die Grete, daß die Staudemanns verlumpt seien und daß sich die Madame aufgehängt habe. Der Patron sei mit den Kindern weggezogen, kein Mensch wisse, wohin. Die Grete blieb noch ein zweites Jahr im Welschland. Es gefiel ihr gut, die Leute waren lieb zu ihr. Für sie war das »fremde Brot« nicht so hart wie für mich.

Wieder zu Hause

Zu Hause wartete wieder eine Menge Arbeit auf mich. Alles war schmutzig, Berge von ungewaschener Wäsche und ungebügelter, kaputter Kleider stapelten sich. Es war schrecklich, in ein solches Elend zurückzukehren, nachdem ich über Monate nutzlos geputzt hatte. Man sah, daß Mutter nicht mehr zurechtkam, und jetzt war sie auch noch im Spital. Dani und Vreneli hatten großes Heimweh nach ihr und waren deshalb unmöglich. Sie waren zu nichts zu gebrauchen. Dani war ein kleiner Teufel. Einmal wollte ich ihm eine Ohrfeige verpassen, da legte er sich blitzschnell aufs Bett und schlug mit den Beinen so wild um sich, daß er mich an der Brust und am Bauch traf. Es schmerzte mich noch viele Tage. Es war unmöglich, den wilden Knirps zu bändigen. Mir blieb nichts anderes übrig, als ihn gewähren zu lassen. Wenn ich die Mutter im Spital besuchte, wollten die beiden mitkommen. Aber sie durften nicht ins Krankenhaus hinein, denn die Mutter lag isoliert und Kinder hatten keinen Zutritt. Immer mußte ich die zwei in der Kälte zurücklassen. Sie liefen an der Fassade entlang, um die Fensterreihen abzusuchen, doch die Mutter lag im ersten Stock. So mußten sie auf die Straße gehen, damit ihnen Mutter zuwinken konnte. Wenn ich wieder herauskam, waren sie jedesmal traurig und eifersüchtig, weil sie nicht hereingelassen worden waren. Dies konnte ich dann wieder ausbaden. Köbu und die zwei Kleinen mußten auch zum Arzt, um einen Halsabstrich machen zu lassen. Nun kam der Bericht, daß Dani Bazillenträger war, und er durfte vier Wochen die Schule nicht mehr besuchen. Vreneli war gesund und hätte nach wie vor in die Schule gehen müssen. Eines Tages kam ein Brief von Vrenelis Lehrerin. Sie wollte wissen, was mit dem Kind los sei, es komme seit Wochen nicht mehr in die Schule. Das war eine Überraschung, denn Vreneli verließ jeden Morgen pünktlich das Haus und kam auch zur rechten Zeit wieder zurück. Zur Rede gestellt, sagte Vreneli, sie würde nie mehr in die Schule gehen. Sie habe nicht im Sinn, sich von der blöden Kuh von Lehrerin tyrannisieren zu lassen und auf ein Sternchen zu warten, das sie doch nie erhalten würde. Den anderen verteile die Lehrerin solche Auszeichnungen, aber sie ginge immer leer aus. Das mache sie nicht mehr mit. Ich wußte, daß das Kind recht hatte. Mir selber war es ja auch nicht besser ergangen. Die Lehrerin war parteiisch, ungerecht, und die Kleine wehrte sich auf ihre Art und Weise dagegen. Wir fragten Vreneli, wo sie denn die ganze Zeit gewesen wäre. Sie hätte in Schuppen von Bauern und im Grubenhüsli gespielt und gewartet, bis die anderen Kinder von der Schule kamen, dann sei es mit ihnen nach Hause zurück. Kein Mensch hatte uns etwas gesagt, wir wußten von nichts. Es brauchte große Überredungskunst, Vreneli wieder zum Schulbesuch zu bewegen. Erst die Drohung, daß sonst der Landjäger käme, um sie zu holen, hatte Erfolg. Mutter schrieb dann der Lehrerin, die eine Schulkollegin von ihr war, warum Vreneli nicht gekommen sei. Es half zwar nicht viel, aber wenigstens ging Vreneli wieder hin.

Mutter mußte lange im Spital liegen und war sehr schwach, als sie wieder nach Hause kam. So blieb mir nichts anderes übrig, als für längere Zeit daheim zu bleiben.

Weil ich keine Lehre machte, mußte ich die Fortbildungsschule besuchen. Wir hatten eine sehr nette Lehrerin, und zum ersten Mal ging ich mit Freude zur Schule. Einmal führten wir sogar ein Theaterstück auf, und ich erntete für meine Rolle viel Lob. Ein weiterer Höhepunkt war die Reise nach Ins zur Albert-Anker-Ausstellung. Ich war begeistert von diesen prächtigen Kunstwerken. Überhaupt interessierte mich die Malerei; dieser Ausflug war sehr wertvoll für mich.

Schlimm an meiner Situation damals war, daß ich immer noch kein eigenes Geld hatte und um jeden Rappen bei der Mutter betteln mußte. Als sich mir eine Gelegenheit bot, etwas zu verdienen, griff ich daher sofort zu. Die Frau vom Oberlehrer hatte mich gefragt, ob ich einmal in der Woche zu ihr zum Putzen kommen wollte. Die Frau mochte ich gern, aber den Lehrer fürchtete ich immer noch wie die Pest. Immer wieder kam mir in den Sinn, was ich alles bei ihm hatte durchstehen müssen, und ich ging ihm möglichst aus dem Weg. Nur einmal tobte er mit mir: als ich ihm den Schreibtisch aufräumte. Wie ein Hampelmann warf er die Arme in die Höhe und rief immer wieder: »Welcher Idiot hat mir eine solche Sauerei angerichtet? Da finde ich nichts mehr.«

Ich verstand ihn nicht, denn ich hatte das Gefühl, daß es vorher unordentlich gewesen war. Durch sein Schreien kam auch seine Frau ins Zimmer gestürzt und schlug die Hände vors Gesicht. Als sie sich endlich gefaßt hatte, erklärte sie mir, daß auf dem Schreibtisch ihres Mannes nichts verändert werden dürfe. Er wisse genau, wo dieses und jenes stecke, auch wenn haufenweise Papier herumliege. Als sein Wutanfall vorüber war, setzte er sich an den Tisch und sah sich die Bescherung an. Er merkte, daß alles nur halb so schlimm war. Zuletzt gefiel es ihm sogar noch. Trotzdem riet er mir, den Schreibtisch nicht mehr anzufassen.

Leider konnte ich den Fünfliber pro Woche nicht mehr lange verdienen, denn die Frau Lehrerin erwartete ihr zweites Kind und stellte eine Kinderschwester ein. Eines Tages mußte ich im Eisenwarenladen im Dorf Besorgungen machen, da fragte mich die Besitzerin, Frau Rothen, ob ich nicht bei ihr im Haushalt helfen wolle. Weil es Winter war, konnte mich die Mutter entbehren und ich ging endlich wieder etwas verdienen. Die fünfzig Franken, die mir bezahlt wurden, waren zwar nicht gerade fürstlich, aber bei meiner Geldnot war mir alles recht. Anfangs ging ich noch jeden Tag nach Hause zurück, doch bald wurde der lange Weg bei hohem Schnee zu beschwerlich und ich blieb auch über Nacht bei den Rothens.

Eines Morgens wurde ich in Angst und Schrecken versetzt, denn im Eisenwarenladen war eingebrochen worden. Zwei Revolver und Munition waren abhanden gekommen. Wir wußten nicht, ob sich der Einbrecher noch im Haus befand und auf uns schießen würde. Es herrschte eine furchtbare Aufregung. Der Landjäger suchte das ganze Gebäude ab, mit gezogener Pistole. Ein paar Tage später hatten sie den Dieb gefaßt. Der Verdacht war schnell auf einen jungen Burschen im Dorf gefallen, der schon während seiner Schulzeit krumme Dinger gedreht hatte. Deshalb hatte auch sein Konfirmationsspruch gelautet: »Gott gebe dir ein neues Gesicht und eine neue Seele.« Das ganze Dorf sprach von dieser Schande, als er konfirmiert wurde. Nun mußte er für eine Weile ins Gefängnis und dann in eine Besserungsanstalt.

Vom ersten Lohn kaufte ich mir ein paar Skischuhe. Ich freute mich wahnsinnig, daß ich endlich eigene besaß. Sie kosteten zwar fünfundvierzig Franken, fast meinen ganzen Lohn, aber nun hatte ich endlich trockene Füße. Zu Weihnachten kaufte mir die Mutter von der Waisenrente ein paar Ski – meine ersten eigenen Ski –, ich war überglücklich.

Als es Frühling wurde, hatte ich ständig Bauchschmerzen. Der Arzt stellte fest, daß ich einen entzündeten Blinddarm hatte, und ich mußte ins Spital. Nun hatte ich aber keine Krankenkasse, und Mutter wußte nicht, wie sie das bezahlen sollte. Der Blinddarm wurde aber trotz allem entfernt. Ich litt nach der Operation schrecklichen Durst. Alle Stunde einmal kam eine Schwester und gab mir ein Kaffeelöffeli Tee – und das während drei Tagen. Ich verlangte immer wieder einen Waschlappen, in der Hoffnung, ihn aussaugen zu können. Aber es gelang mir nicht. Die Schwester blieb hartnäckig neben dem Bett stehen, bis ich mich gewaschen hatte. Dann nahm sie mir den Lappen wieder fort und verschwand. Ich hatte hohes Fieber. Eines Nachts hatte ich einen schönen Traum. Ich stand an einem Brunnen und trank frisches, klares Wasser und zuletzt badete ich noch darin. Von dieser Nacht an ging es mir besser, und ich durfte ein wenig aufstehen. Die Mutter mußte dann noch lange abbezahlen, bis die Rechnungen beglichen waren. Mir war das gar nicht recht.

Nun mußte ich wieder zu Hause bleiben, denn Mutter bewältigte die viele Arbeit nicht mehr alleine. An einem Sonntagmorgen hörte ich wüstes Fluchen und Gepolter im oberen Stockwerk. Dann stand Köbu in der Küche und schrie mich an: »Welch dummer Cheib hat das gemacht?«, er bringe ja sein Hemd nicht mehr in die Hose. Wirklich sah er sehr rundlich aus. Als ich ihn sah, platzte ich fast vor Lachen, und er wurde immer wütender und klopfte an der Hose herum. Ich war der Sünder. Ich hatte nämlich anstatt nur die Hemdenbrust zu stärken, das ganze Hemd in die Flüssigkeit getaucht und nun war es steif wie ein Brett. Auch die Mutter fand mich wirklich blöd. Wohl oder übel mußte er mit diesem Hemd in die Stündelerpredigt, denn ein anderes besaß er nicht.

Sekte

In der Nachbarschaft hatten wir etliche Leute, die einer Sekte im Dorf angehörten. Die konnten Köbu überreden, mit ihnen einen Gottesdienst zu besuche. Er war sonst schon unausstehlich, aber seither wurde er noch verschlossener und ekliger. Stundenlang waren Sektenbrüder bei ihm im Stall und schwatzten ihm den Kopf voll. Auch die Mutter wollte er überreden mitzukommen, aber potz Blitz, da kam er an die falsche Adresse. Sie ließ sich nicht von dem Blödian übertölpeln. Auch mit dem Geld wurde es immer schlimmer, denn viel brachte er jetzt den Stündelern. Im Konsum mußten wir alles anschreiben lassen. Wenn die Rechnung am Ende des Monats hundert Franken betrug, tobte er. Essen tat Köbu sehr gern, aber kosten sollte es nichts. Wenn er ein Kalb verkaufte, waren die Sektenbrüder schnell bei ihm im Stall, um ihren Teil abzuholen. Nachher hatte er dann wieder schlechte Laune, die er an uns ausließ. Auch sprach er monatelang nicht mit uns. Nachdem der Alte gestorben war, hatte Köbu eine schöne Liegenschaft mitten im Dorf für nur siebzigtausend Franken verkauft. Er wollte damit bei der Konsumgesellschaft den Guten spielen. Von diesem Geld sahen wir nie einen Rappen. Etwas gab er dann doch noch der Grete. Wo der

Rest hinkam, konnten wir nur vermuten. Eines Tages kam er ganz verstört von der Sekte nach Hause. Da packte er einmal aus, was ihn so bewegte. Ein Mann in der Nachbarschaft hatte sich das Leben genommen und eine Frau im Dorf war gestorben. Nun hätten sie die beiden in der Predigt gesehen und gesprochen. Dem, der sich das Leben genommen habe, gehe es sehr schlecht und auch die Frau finde keine Ruhe. Beide waren nicht in der Sekte gewesen, und nur jene könnten selig werden.

Auch genügend Opfer müßten schon in dieser Welt geleistet werden, wenn man ins Himmelreich eintreten wolle. Die Mutter fragte nur, ob er den Blödsinn wirklich glaube. Er behauptete jedoch steif und fest, all dies mit eigenen Augen gesehen zu haben, und alles stimme, Wort für Wort. Er lief den ganzen Sonntag ums Haus herum wie ein störrischer Esel, und man konnte nichts mehr mit ihm anfangen. Er fürchtete sich wahnsinnig. Wir wußten nicht, was wir von dem Gefasel halten sollten, glauben konnten wir es auf jeden Fall nicht.

Der Köbu ließ sich von der Konsumgesellschaft dazu überreden, in seiner ehemaligen Liegenschaft eine Wohnung für die Konsumleiterin auszubauen. Jede freie Minute war er jetzt im Dorf, um zu arbeiten. Zu Hause molk er nur noch die Kühe, sonst machte er keinen Finger mehr krumm. Es blieb dann aber nicht beim Arbeiten, er fing auch noch ein

Verhältnis mit ihr an, einer Witwe in den besten Jahren. Sie blieb nicht sein einziges Verhältnis, auch mit anderen Frauen trieb er es später. Ich konnte überhaupt nicht verstehen, daß die Frauen an dem Holzbock Gefallen finden konnten. Der Haussegen hing bei uns sowieso immer schief. Einmal sprach Köbu sogar von Scheidung. Die Mutter sagte nur, er könne ja zu seinen Weibern gehen, sie bleibe jedenfalls hier und lasse sich nicht mehr vertreiben.

Mir war es zu Hause auch gründlich verleidet. Ich hatte kein Geld, und Köbu gab mir nie etwas, obwohl ich viel arbeitete. Wollte ich einmal zum Tanz, so mußte ich der Mutter zwei Franken abbetteln, um ein Fläschchen zum Trinken kaufen zu können. Der Tanzbändel wurde meistens von dem Burschen übernommen, mit dem man gerade tanzte. Das Schönste an diesen Anlässen war immer der Nachhauseweg, da war dann eine ganze Horde junger Leute zusammen, und wir sangen ein Lied ums andere in die Nacht hinein.

Zu Weihnachten kam die Grete zu Besuch. Es wurde besprochen, was sie im Frühjahr, wenn sie wieder nach Hause käme, werden sollte. Sie äußerte den Wunsch, Gärtnerin zu lernen. Für mich war immer noch Weißnäherin geplant, wogegen ich mich kräftig wehrte. Ich hatte auch unendliche Angst vor der Gewerbeschule. Meine Erfahrungen mit der Schule waren so schlecht gewesen, daß ich mich fürchtete, zu versagen. Diese Schmach wollte ich nicht noch einmal auf mich nehmen. Aber ich wußte, daß ich nun bald Geld verdienen mußte. Mein Wunsch für die Zukunft war, einmal eine eigene Familie zu gründen, und dazu gehörte eine Aussteuer. Einmal besuchte uns ein Reisender, der ledige Mädchen aufsuchte, um ihnen eine Wäscheaussteuer zu verkaufen. Die Mutter bestellte die kleinste für mich. Alle drei Monate sollte eine Sendung geliefert werden. Wie die Mutter das bezahlen wollte, war mir schleierhaft. Im Frühling kam die Grete in die Lehre. Mutter hatte für sie im Dorf eine Lehrstelle gefunden. Es wurde ausgemacht, daß sie mir die Hälfte des Lohnes abgeben müsse, denn die Arbeit zu Hause war für Mutter allein zuviel. Die Grete konnte auch nicht mehr helfen, denn sie war zu müde, wenn sie am Abend heimkam. Ganze drei Monate hielt sie durch, aber es war zu anstrengend für sie, denn im Arbeiten war sie noch nie ein Hirsch gewesen. So nahm sie wieder eine Stelle als Dienstmädchen an. Das ertrug ich nun nicht mehr, mir wurde es langsam zu blöde, daß immer ich zu Hause bleiben sollte und nichts hatte, nicht einmal rechte Kleider. Ich war auch der Damenriege beigetreten. Jedesmal, wenn ich den Beitrag bezahlen sollte, gab es ein Gezeter zu Hause. Ich schämte mich schrecklich, daß sie mich immer mahnen mußten. Was dann das Faß zum Überlaufen brachte, war, als die erste Sendung meiner Aussteuer kam und ich nicht bezahlen konnte und um eine längere Zahlungsfrist bitten mußte. Da war für mich klar, daß ich nicht mehr so weitermachen konnte und wollte. Im Dorf vernahm ich, daß in Belp in einem Gasthof ein Zimmermädchen gesucht wurde. Ich meldete mich und konnte Anfang Juli dort beginnen. Auch die Mutter hatte eingesehen, daß es so nicht mehr weitergehen konnte.

Zimmermädchen

Mir wurde bald schon klar, daß dort rauhe Sitten herrschten. Ich teilte das Zimmer mit nur einer Kollegin, was schon ein großes Glück bedeutete. Die drei anderen Angestellten schliefen in einem Zimmer, das so klein war, daß sie, um ins Bett zu kommen, übereinander steigen mußten. Stehen konnte immer nur eine aufs Mal. Wenn sie sich wuschen, mußten die anderen auf den Betten warten, bis sie an der Reihe waren.

Zimmermädchen wäre ich gerne gewesen. Aber es kam selten vor, daß ich für diese Arbeit eingesetzt wurde. Ich war eher Mädchen für alles. Das Schlimmste waren die Waschtage. Da stand ich ab morgens fünf Uhr mit der alten Wirtin in der dampfenden Waschküche am Waschbrett und klopfte und rieb den ganzen Tag Wäsche. Das Essen war sehr schlecht. Erst wenn die Waren im alten Eisschrank schimmlig waren, wurde daraus für die Angestellten ein Essen gekocht. Das Küchenmädchen flüsterte uns oft zu, daß wir besser nichts essen sollten. Zum Beispiel wenn die Hörnli mit einer dikken grauen Schimmelschicht bezogen waren und sie sie am Brunnen waschen mußte, um sie anschließend für die Angestellten zu braten. Einmal war auch der Kuchenteig verdorben, und das Küchenmädchen beförderte ihn in die Schweinetränke. Doch die Wirtin wollte den Teig noch verwenden, und das Mädchen fischte ihn wieder aus dem Kessel, um einen Kirschkuchen daraus zu backen. Der wurde sogar noch den Pensionären serviert. Wir zogen es vor, ohne Nachtessen ins Bett zu gehen.

Der Bruder vom Chef führte auf dem Flugplatz ein Restaurant, wo ich am Sonntag, wenn sein Küchenmädchen frei hatte, aushelfen mußte. Dort gab es wenigstens für alle das gleiche Essen, und es war genießbar. Am Sonntag stand ich dann manchmal alleine in der Küche und sollte die Essensbestellungen zurechtmachen, die mir drei Serviertöchter zuriefen. Ich wußte nicht mehr, wo mir der Kopf stand, und bekam ein riesiges Durcheinander. Es war viel zuviel. Dann kam meistens noch der Chef in die Küche und fluchte, anstatt mir zu helfen.

Einmal mußte ich in den Keller, um Wein zu holen. Der Chef zählte alles auf, was ich bringen sollte. Verzweifelt rannte ich an den Regalen entlang und las die Namen auf den Etiketten, aber ich konnte das Gewünschte nicht finden. Fluchend erschien der Chef im Keller, wo der Wein denn bliebe, ob ich ihn zuerst noch herstellen müßte. Ich gestand meine Unzulänglichkeit ein. Da erklärte er mir, daß man die Namen nicht so ausspreche, wie sie geschrieben seien. Meistens seien sie französisch. Von da an gab es mit dem Wein keine Probleme mehr.

Das schönste von allem war, wenn ich mit dem kleinen Sohn der Wirtsleute spazieren gehen oder ihn zu Bett bringen und Liedchen singen durfte. Doch das kam selten vor. Meistens mußte ich hart arbeiten. Ich war froh, daß ich gut laufen konnte, sonst hätte ich das alles nicht geschafft.

Das Mädchen, mit dem ich das Zimmer teilte, hatte ein Verhältnis mit einem Italiener. Es durfte aber niemand etwas davon wissen, weil er schon verheiratet war. Ich riet ihr immer wieder, die Finger von diesem Mann zu lassen, das habe doch keine Zukunft. Aber sie war ihm so verfallen, daß sie auf niemanden hörte. So ging sie oft am Abend mit ihm aus. Jedesmal, wenn wir weggehen wollten, mußten wir einen Schlüssel verlangen und Bericht erstatten, was wir unternehmen wollten. Aber das konnte sie nicht, weil niemand etwas von der Geschichte wissen durfte. Dann mußte ich den Wecker auf zwei Uhr in der Nacht stellen, um ihr aufzuschließen. Doch einmal erwachte ich nicht, und sie mußte bis zum Morgen draußen bleiben. An ihrem freien Tag kaufte sie dann einen Knäuel Schnur. Wenn sie nun jeweils ausging, band sie mir das eine Ende ums Handgelenk und den Rest ließ sie aus dem Fenster hängen. Es brauchte etliche Meter Schnur, denn wir wohnten unter dem Dach. Nun mußte sie nur noch an der Schnur ziehen, wenn sie nach Hause kam, und ich konnte ihr öffnen.

Wenn in der Wirtschaft ein großes Essen oder ein Fest gegeben wurde, mußte ich in der Küche helfen. Das war mir jedesmal zuwider. Es ging zu wie im hölzernen Himmel. Der Chef war nervös und brüllte in der dampfenden Küche herum. Die Fenster mußten geschlossen bleiben, es war fürchterlich heiß. Oft mußte ich mit dem Hausburschen zusammen Berge von Tellern waschen und Gemüse rüsten. Wir machten uns meistens Essigwasser zum Trinken gegen den großen Durst. Einmal, als wir wieder in der Hexenküche ausharren mußten, holte der Hausbursche in der Gaststube Mineralwasser. Der Chef brüllte, was ihm da einfiele. Wir könnten schon Mineralwasser haben, aber er würde es uns vom Lohn abziehen, was er auch tat. Wohl oder übel stellten wir wieder auf Essigwasser um.

Fast jeden Abend oder in der Nacht wurde mir übel, und ich mußte ständig erbrechen. Alle meinten, das komme von den verdorbenen Speisen.

Mit dem Chef war ich nicht gerne alleine in der Küche. Er nützte jede Gelegenheit, mir mit seiner Hand über den Rücken und den Po zu streicheln. Ich haßte das und wich ihm aus. Ich klagte es der Serviertochter. Sie sagte mir, ich solle ihm auf die Hände schlagen oder, noch besser, auf die Wange, denn es stehe in keinem Vertrag, daß man sich tätscheln lassen müsse. Das nächste Mal schlug ich ihm dann auf die Finger; seither hatte ich nicht mehr viel zu lachen. Ich konnte ihm nichts mehr recht machen. Wenigstens hörte die Tätschelei auf, und darüber war ich sehr froh. Den Hausburschen fürchtete ich seit kurzem auch, denn er drehte manchmal durch. Einmal rannte er mit einem großen Küchenmesser hinter mir her. Er schrie, es würde ihn gelüsten, mich umzubringen. Die Tür ging auf, der Chef kam herein und setzte seine hellste Miene auf, als ob nichts gewesen wäre. Eines Morgens kam ein Polizist und holte den Hausburschen ab. Als dann ein wenig später sein Zimmer durchsucht wurde, mußte ich mitgehen. Sonst hatte nie ein Mensch diesen Raum betreten dürfen. Das Bett bezog er immer selber und die Tür hielt er verschlossen. Als wir das Zimmer betraten, schlug uns ein enormer Gestank entgegen. Im Schrank fand man eine große Auswahl an Frauenhandtaschen, Wäsche und Kleidern. Nun wurde mir klar, warum nie jemand auf seine Bude durfte. Der Hausbursche kam dann hinter Schloß und Riegel und ward nie mehr gesehen.

Ich hatte immer häufiger Magenbeschwerden und darum beschloß ich, von dort fortzugehen. Auf den nächsten Ersten kündigte ich und mit mir noch vier weitere Angestellte. Die Wirtin versuchte noch, mich zum Bleiben zu überreden. Sie hätte Vertrauen zu mir und es würde sie enttäuschen, daß ich mit den anderen gemeinsame Sache mache. Sie wollte mir auch zwanzig Franken mehr Lohn geben, so hätte ich hundert Franken verdient. Aber ich wollte nicht mehr bleiben. Über Zeitungsinserate hatten wir alle auch bereits neue Arbeitsplätze gefunden. Ob sie besser waren, würde sich zeigen. Auf jeden Fall gingen wir alle auf den Ersten, und die Wirtin hatte noch keinen Ersatz, was uns schon ein wenig freute.

Röseligarten

Für eine Woche fuhr ich nach Hause. Ich besorgte den Haushalt und bügelte. Das waren meine Ferien. Am Montag trat ich die neue Stelle an, ganz nahe beim Röseligarten in Bern. Ich kam in eine Familie mit zwei kleinen Kindern. Die Frau Thalmann war eine ehemalige Tänzerin aus Wien und der Herr, wie ich ihn nennen mußte, war »Playboy«; er arbeitete nichts. Sie lebten vom Geld seines Vaters. Dieser, ein ehemaliger Ingenieur, lebte mit seiner Haushälterin in einer großen Villa ganz in unserer Nähe. Kaum angekommen, mußte ich sofort in die Küche, um das Mittagessen zu kochen. Frau Thalmann gab mir sehr wenig Zutaten. Fünfhundert Gramm Bohnen, zweihundert Gramm Speck und einige Kartoffeln, das sollte für fünf Personen reichen. Dann wurde mir befohlen, im Eßzimmer für vier Leute den Tisch zu decken. Ich war etwas erstaunt, denn wir waren doch jetzt zu fünft. Wo ich zu essen hatte, vernahm ich jedoch bald. Mein Platz war am Küchentisch, alleine. Dort durfte ich die Reste essen, die sehr spärlich aus dem Zimmer zurückkamen. Ich hatte zu warten, bis sie gegessen hatten. Auf den Klingelton mußte ich abräumen. Dann verlangten sie Kaffee, den ich in Zukunft immer zubereitete, während sie aßen. In den Nachtischtellern waren immer Reste von Süßigkeiten oder Rinden von Käsesorten, von denen ich nie etwas gesehen hatte. Wo ich schlafen sollte, wußte ich bis zum Abend nicht. Erst nach dem Nachtessen, als die Küche fertig aufgeräumt war, bemühte sich der Herr, mir mein Zimmer zu zeigen. Ein paar Schritte hinter dem Herrn schleppte ich meine Koffer in die Villa seines Vaters. Dort ging er mit mir einige Treppen hoch in den Dachboden und öffnete die Tür zu einem armseligen Kämmerlein. Das erste, was ich sah, war eine kleine Luke, die als Fenster diente, und ein großes Bett mit einem riesigen Gestell. Am Fußende standen ein wackeliger Stuhl, eine alte braune Kommode mit Waschschüssel und Krug, ein Schrank und ein kleines Tischchen. Kein Ofen, keine Vorhänge, nichts, das ein Zimmer heimelig macht. Der Raum war kalt und unheimlich. Der Herr legte mir noch einen Schlüssel auf den Tisch und sagte, die Toilette sei zwei Treppen tiefer. Dann verschwand er, ohne Gruß, ohne Willkommen. Ich setzte mich auf den Stuhl. Unter dem Bett schaute das Nachtgeschirr hervor. Ich haderte mit meinem Schicksal, daß ich auch nie ein wenig Glück haben konnte. Es machte mich sehr traurig, daß ich im Dach hausen mußte, obwohl die Villa vierzehn Zimmer zählte. Fröstelnd schaute ich durch die Dachluke, da entdeckte ich auf der rechten Seite den Rosengarten. Ich sah auch den Park, der zum Haus gehörte, und wußte zugleich, daß ich diese schöne Anlage nur von oben anschauen durfte. Ich würde nie Gelegenheit haben, dort ein wenig spazieren zu gehen. Ich glaube, wenn nicht Abend gewesen wäre, hätte ich gar nicht ausgepackt und wäre wieder abgehauen. Sie hatten es sehr schlau eingerichtet, daß sie mir die Bruchbude erst am Abend zeigten. Ich konnte es fast nicht aushalten, daß ich meine Freizeit hier verbringen sollte. Ich bezog mein Bett mit der mehrmals geflickten, brüchigen Bettwäsche, zog mich halb aus und schlüpfte hinein. Der hohe unheimliche Raum strömte so viel Kälte aus, daß ich nicht wußte, wie mich aufwärmen. Von der Decke hing eine Glühbirne, die ein düsteres Licht verbreitete. Ich löschte schnell das Licht, damit ich die Armut nicht mehr länger sehen mußte.

Am Morgen um sieben Uhr begann mein Tag. Zuerst mußte das kleine Kind versorgt werden, dann hieß es, ein Tablett mit dem Frühstück zurechtmachen und es der Frau ins Wohnzimmer stellen. Der Herr stand nicht vor elf Uhr auf; erst nachher konnte ich die Betten machen. Das Eßzimmer und das Kinderzimmer putzte ich am Vormittag, anschließend kochte ich das kärgliche Mittagessen. Hunger war nun mein ständiger Begleiter, nicht einmal genug Brot durfte ich kaufen. Am meisten Freude hatte ich an den Kindern. Sie waren sehr lieb, und ich durfte mich um sie kümmern. Waschen, bügeln und den ganzen Haushalt besorgen gehörte zu meinen anderen Pflichten. Doch das schaffte ich gut. Die Frau rührte nie etwas an. Sie saß meistens gekonnt auf der Polstergruppe oder ging in die Stadt einkaufen. Lohn hatte ich hundert Franken. Als der erste Zahltag kam, sagte der Herr, daß eigentlich ich ihm hundert Franken geben müßte, denn ich lernte bei ihnen ja die Kinderpflege. Ich war so baff, daß ich kein Wort hervorbrachte.

Am Sonntag war die Familie immer in der Villa des Vaters zum Mittagessen eingeladen, dort »fraßen« sie dann für die nächste Woche. An diesen Tagen mußte ich jeweils der Amalie, der Haushälterin des Vaters, beim Rüsten und Kochen helfen. Sie war eine deutsche Herrschaftsköchin und arbeitete schon seit fünfundzwanzig Jahren beim alten Thalmann. Sie konnte gut kochen und ich lernte viel von ihr. Sie wurde auch besser behandelt als ich. Im Unterschied zu mir besaß sie ein ordentliches Zimmer im zweiten Stock. Sie fand aber nichts dabei, daß ich im Dach hausen mußte. Sie gab mir zu verstehen, daß sie über mir stand und mehr Rechte hatte als ich. In der Villa hatte ich nur Zutritt zu der Küche und zu dem dunkelgrünen, kalten Eßzimmer. Amalie führte mich in die Zeremonie des Tischdeckens ein. In dem düsteren Raum stand ein riesiger Tisch, der mindestens zwölf Personen Platz bot. Dieser wurde mit einem gestärkten Damasttischtuch bedeckt.

Dann wurde das alte wertvolle Porzellan aus dem Schrank geholt und für fünf Personen gedeckt. Messerbänkli und Fingerbowlen durften nicht fehlen. Als ich die Besteckschublade aufzog, traute ich meinen Augen nicht: Vergoldetes Besteck glänzte mir entgegen. Die Servietten wurden zu Fächern gefaltet in die Gläser gesteckt und mit Blumen verziert. Auch auf dem Tisch wurden in kostbaren Schalen Blumen angeordnet. Dann verzogen wir uns wieder zu den vielen Töpfen in die Küche. Amalie durfte das Essen für uns zurückbehalten, so daß wir auch warm essen konnten. So mußte ich nicht einmal hungrig vom Tisch, und sogar Dessert gab's am Sonntag. Gegen Mittag traf dann die »junge Herrschaft«, wie Amalie sie nannte, ein. Von ihr vernahm ich so ziemlich alles über die Herrschaft, daß Frau Thalmann aus sehr reicher, angesehener Familie stammte, aber schon seit ein paar Jahren tot sei. Sie hätte gelebt wie eine Königin und der Junge wäre ihr Prinz gewesen, der nichts arbeiten durfte, das schickte sich nicht. Der Vater bestand zwar darauf, daß er eine Lehre als Kaufmann machte, aber als er die Ausbildung fertig hatte, war er nur noch Mutters Sohn und lebte in den Tag hinein. Er besaß auch einen roten Alfa-Romeo Zweisitzersportwagen. Dafür hatten sie fast kein Geld fürs Essen.

Anfang des Monats gab mir die Frau jeweils zehn Franken zum Einkaufen, ab Mitte des Monats dann nur noch fünf, aber ein Haushaltsbuch mußte ich führen. Ich lernte, anfangs etwas zu sparen, um in der zweiten Hälfte auch noch einkaufen zu können. Sonst wäre ich nicht zurechtgekommen.

Im Oktober mußte ich packen für die Ferien am Bielersee. Dort stand ein altes Schloß, das zu einem Teil auch meinem Herrn gehörte. Die Amalie und der alte Thalmann kamen auch mit. Dieser packte die ganze Familie in sein großes Auto, und nur ich mußte mit dem jungen Herrn fahren. Ich saß steif auf dem engen Sitz, denn den Herrn wollte ich um nichts in der Welt berühren. Als ich ausstieg, hatte ich schlotternde Knie von der rasanten Fahrt. Die Herrschaft betrat das Schloß durch den Vordereingang, Amalie und ich, mit Koffern beladen, durch den Hintereingang. Als ich durch den düsteren Gang schritt, zuckte ich plötzlich zusammen, denn vor mir stand ein großer Krieger in Rüstung. Zur Verteidigung trug er ein großes Schwert. Ich verlangsamte meinen Schritt, um den Eisernen zu betrachten. Er rührte sich nicht. Da merkte ich erst, daß er nicht zu fürchten war. Das Schloß war sehr alt und düster. In der Küche hing noch der alte Kupferkessel über der geschwärzten Feuerstelle, wie in früheren Zeiten. Ganz versteckt war ein elektrischer Kochherd eingebaut. Durch die verbleiten runden Butzenscheiben drang kein Blick nach draußen. In einer Ecke stand ein großer Tisch, wo früher das

Gesinde verpflegt wurde. Nun verstand ich besser, warum ich gehalten wurde wie eine Aussätzige. Hier gehörte ich noch zum Gesinde wie vor hundert Jahren, nur Gesindezimmer gab es im Schloß nicht mehr. Ich durfte in einem anständigen Zimmer schlafen. Jedoch in dem riesigen Bett mit Baldachin und dunklen Vorhängen ringsherum war es mir ein wenig unheimlich. Die ganze Einrichtung war aus dunklem geschnitzten Holz. In der Nacht träumte ich ständig von Raubrittern und focht wilde Kämpfe aus.

Kochen mußte ich hier nicht, das besorgte Amalie. Zum Schloß gehörte ein großer Rebberg, so daß die Herrschaft ihren eigenen Wein trinken konnte. Meine Aufgabe war, im Rebberg Trauben lesen zu helfen. Dort ging es lustig zu und her. Es wurde viel gescherzt und gelacht. Mir gefiel die Arbeit gut, und ich fühlte mich endlich wieder wie ein Mensch.

Bedrückender wurde es, sobald ich die Schwelle zum Schloß überschritt. Da wurde man wieder in die Schranken gewiesen, in das unterwürfige Verhältnis.

Wenigstens gab es hier genug und gut zu essen, Amalie sorgte dafür. Nur die Nächte allein in dem düsteren Raum waren mir zuwider. Draußen hörte ich das junge Volk singen, scherzen und lachen. Zu gerne wäre ich dabei gewesen, besonders wenn sie zu den flotten Klängen der Musik tanzten. Da konnte ich meine Beine unter der schweren Bettdecke kaum bändigen. Aber Amalie sagte, daß es sich für ein Mädchen bei solcher Herrschaft nicht schickte, sich unter das Volk zu mischen.

Am Sonntag war Winzerfest in Twann, ich hatte mir fest vorgenommen, mit den anderen Arbeitern hinzugehen. Ich freute mich sehr darauf. Aber es kam ganz anders. Da war wieder die ganze Essenszeremonie mit der Herrschaft, die dauerte bis in den späten Nachmittag hinein. Anschließend beschlossen die jungen Thalmanns, zum Fest zu gehen, und ich mußte bei den Kindern bleiben. Ich wünschte die zwei kleinen Mädchen ins Pfefferland, sie machten mir das ganze Vergnügen zunichte. Der Sonntag ging vorbei. Am späten Abend kam die Herrschaft ausgelassen und angesäuselt nach Hause. Ich hätte sie am liebsten angespuckt.

Am Montag fragten mich die Leute im Rebberg, wo ich denn am Sonntag gewesen sei. Sie hätten auf mich gewartet, doch vergebens. Es sei nicht sehr nett von mir, sie zu versetzen. Da packte mich die Wut erneut und es sprudelte alles aus mir heraus. Es hatte niemand großes Verständnis für mich, denn sie hatten alle frei am Sonntag und konnten tun, was sie wollten. Sie meinten, ich müsse mich durchsetzen und sollte nicht alles mit mir geschehen lassen, sonst würden sie immer unmöglichere Dinge von mir verlangen. Ich wußte das ja alles, aber es nützte mir nichts. Ich hätte nie den Mut gehabt, mich der Herrschaft zu widersetzen. Sie standen hoch über mir. Ich war ein armes Dienstmädchen, das froh sein mußte, ein wenig Geld zu verdienen. Ein Monatslohn reichte kaum, um einen Wintermantel zu kaufen. Was hatte man da aufzubegehren? Nichts. Ich war doch ein Niemand.

Die zwei Wochen im Rebberg waren vorbei, die Trauben gelesen und der Saft in Bottiche gefüllt. Einerseits war ich traurig, andererseits auch wieder froh. Das Verhältnis mit den anderen Winzern war nicht mehr so gut wie am Anfang. Ich war traurig, denn es hatte alles so schön begonnen. Durch die Pflichten, die ich erfüllen mußte, fand alles ein schlechtes Ende, denn die Leute verachteten mich jetzt, weil ich mich nicht wehren konnte. Wieder einmal hatte ich versagt. Warum klappte es mit mir nicht? Warum kam immer alles schief heraus?

Wir waren wieder in Bern und alles nahm seinen gewohnten Gang. Da starb ein Onkel meines Herrn, der eine große Villa unterhalb des Rösligartens besessen hatte. Der alte Herr war unverheiratet gewesen und lebte mit seiner achtzigjährigen Haushälterin, dem Liseli, zusammen; es hatte ein Leben lang bei ihm gedient. Ich mußte nun dorthin ziehen, denn das Liseli fürchtete sich nachts allein in diesem großen Haus.

Mein Pappkoffer war schnell gepackt, und dem »Loch« trauerte ich keine Sekunde nach. Voller

Hoffnung öffnete ich die Gartentür mit dem mir anvertrauten Schlüssel und klingelte an der Haustür. Langsam wurde die Tür aufgemacht. Scheu stand ein kleines altes Jüngferli vor mir, dem ich mich vorstellte. Freudig ließ es mich eintreten. Es sei froh, daß ich nun zu ihm käme. Es fing an zu weinen und öffnete eine Tür. Ich schaute in den Raum. Auf zwei Stühlen stand ein Sarg. Ich wollte sofort umkehren, denn mir lief ein kalter Schauer über den Rücken. Liseli wollte, daß ich seinen Herrn betrachtete. »Schau nur, Rosemarie, wie friedlich er aussieht, wie wenn er schlafen würde.« Ich hatte den Mann nicht gekannt, der vor mir im Sarg lag, und deshalb war er mir unheimlich. Die flüsternde Stimme neben mir sagte: »Schau, die schönen Blumen, die der Herr bekommen hat.« Es standen viele Kränze herum, und in der Mitte brannten große Kerzen, die das wächserne Gesicht beleuchteten. Ich wußte nicht, was ich sagen sollte. So ging ich mit kleinen leisen Schritten auf die Tür zu und in den Gang hinaus. Dort wartete ich, bis das Liseli bemerkte, daß ich nicht mehr im Zimmer war. Endlich löste sich die kleine Gestalt von dem Sarg; sanft zog es die Tür des Totenzimmers hinter sich zu. Dann wies es mir den Weg in mein Zimmer. Wir stiegen marmorne Treppen hoch in den Dachboden. Dort öffnete das Frauli eine Tür. Modergeruch strömte uns entgegen. Liseli schaltete das Licht ein. Ich sah ein ähnliches

Loch, wie ich vor einer Stunde verlassen hatte. Spinnweben hingen überall herunter und eine dicke Staubschicht bedeckte alles. Voller Entsetzen sah ich Liseli an. Ob ich wirklich hier schlafen müsse, fragte ich. Der junge Herr habe es so angeordnet, antwortete es. Freilich hätte hier schon seit zwanzig Jahren, seit das letzte Mädchen gegangen sei, niemand mehr gewohnt. Ich bräuchte hier nur zu schlafen. Am Abend wäre es froh, wenn ich zu ihm ins Nähstübli käme. Liseli gab mir noch Bettwäsche, und ich putzte und lüftete die Kammer.

Es war Winter geworden und in meinem Zimmer immer kälter und ungemütlicher. Am Morgen, wenn ich mich waschen wollte, mußte ich zuerst die Eisschicht in der Waschschüssel durchstoßen. Jedesmal packte mich die Wut, wenn ich daran dachte, daß es unten mindestens fünf Schlafzimmer mit Ofen gab. Dann bekam ich eine Angina mit sehr hohem Fieber und mußte zwei Tage im Bett bleiben. Liseli telefonierte für mich und teilte es der Herrschaft mit. Es kochte mir auch Tee und machte mir Umschläge. Als ich so im Bett lag, ging auf einmal die Tür auf und eine Menge Herren kamen herein. Sie erschraken mehr als ich, als sie sahen, daß da jemand im Bett lag. Ein Herr fragte mich: »Was in aller Welt tun Sie hier auf dem Dachboden im Bett?« Ich sagte ihm, daß ich bei der Familie Thalmann angestellt sei und Angina hätte. Mit Entsetzen sagte er, daß es so etwas doch nicht mehr geben könne, das wäre ja schrecklich. Und kalt sei es hier! »Passen Sie auf, daß Sie nicht noch eine Lungenentzündung bekommen.« Unbemerkt war der junge Herr in die Bude getreten und lenkte die Herren ab, indem er sagte, er hätte ihnen unten noch etwas Interessantes zu zeigen. So verschwanden alle wieder und ich wurde vergessen. Gegen Abend brachte mir das Liseli Tee, essen konnte ich noch nichts. Ich fragte, was das für Herren gewesen seien. Der Notar und die Erben. Sie seien gekommen, um ein Inventar aufzustellen, damit geteilt werden könne. Sie selbst komme in ein Altersheim, das habe der Herr verfügt und bezahlt. Ihre Treue über sechzig Jahre hindurch habe sich gelohnt, nun sei sie versorgt bis an ihr Lebensende. Sie habe hart arbeiten müssen, aber er sei immer lieb zu ihr gewesen und das sei viel wert. Ich fragte sie, ob sie nie ans Heiraten gedacht habe, nie einen Burschen gehabt habe. »Ach, das ist alles so weit zurück«, und mit glänzenden Äuglein erzählte sie mir, daß sie nur einen geliebt habe ihr Leben lang und das sei der Herr gewesen. Sie hätte nie von ihm weggehen können mit der großen Liebe im Herzen. Aber er habe nichts bemerkt. Er habe gemalt und sei viel auf Reisen gewesen. Sie sei glücklich gewesen, daß sie bei ihm bleiben und für ihn arbeiten konnte. Die Totenwache habe sie nun auch noch gehalten und so bis zum letzten Moment bei ihm sein können. Endlich habe sie ihm sagen können, wie lieb sie ihn immer gehabt habe, und ihm einen Kuß geben dürfen, der schon vor sechzig Jahren fällig gewesen wäre. Die Jahre seien vergangen, sie sei alt geworden. Sie habe niemanden mehr, keine Verwandtschaft und jetzt auch keinen Herrn mehr. Sie verlange nicht mehr viel in ihrem Leben, nur ein bißchen Ruhe. So erzählte das liebe, gute Persönchen mit den weißen Haaren. Sie trug ein altmodisches Häubchen, das mit zwei Samtbändern unter dem schlottrigen Kinn befestigt wurde. Sie strich mit ihrer kühlen, verarbeiteten Hand liebevoll über meine heiße Stirn und wünschte mir gute Besserung. Wenn es am Morgen besser ginge, so könne ich ins Nähstübli in die Wärme herunterkommen. Ich konnte mich nicht lange freuen an meiner warmen Liege im Nähstübli. Am Vormittag kam der Herr und fand, daß ich nun wieder arbeiten könne. Liseli wehrte sich für mich und sagte ihm, daß ich immer noch neununddreißig Grad Fieber hätte und es besser sei, wenn ich noch nicht arbeite. Es wolle gut für mich sorgen, dann sei ich sicher am nächsten Tag wieder auf den Beinen.

Für den ersten Advent bastelte ich einen Kranz. Wie zwei Gespenster wandelten das Liseli und ich mit Laternen durch den Park, um Material dafür zu sammeln. Liseli spendete die Kerzen, die wir dann jeden Abend ein wenig anzündeten. Dazu las sie aus ihrem abgegriffenen Gebetbuch. Wir hatten es sehr feierlich: Ich stickte und das Liseli stopfte alte Wäsche. So arbeiteten wir bis spät in die Nacht hinein. Ich war glücklich und freute mich jeweils auf den Abend. Es war so friedlich, und ich fühlte mich sehr wohl. Liseli hatte noch Quitten im Keller, die sie zu Gelee einkochte. Für wen, wußte sie freilich nicht. Mit dem Rest der Früchte machte sie eine Paste, die sie in Würfel schnitt. Das war eine Süßigkeit für uns zwei! Jeden Abend stellte sie ein Tellerchen voll für mich bereit. Ich freute mich und aß die Würfel mit Heißhunger.

Die wertvollen Möbel und die kostbaren Gemälde verschwanden alle aus der alten Villa. Liseli war jeden Abend in Tränen aufgelöst. Sie konnte es fast nicht verkraften, daß die geliebten Möbel, die sie immer abgestaubt hatte, wegkamen. Ich mußte sie immer trösten und sang ihr einige Jodellieder vor, so konnte sie das Leid vergessen. Manchmal wünschte sie sich einen Psalm. Da sang sie mit dünnem Stimmchen mit und freute sich.

Der Weihnachtstag war gekommen, und ich mußte in die Thalmann-Villa, um der Amalie zu helfen. Wir schmückten den großen Christbaum im Wohnzimmer. Amalie konnte nicht mehr so gut auf die Leiter steigen, ich tat es mit Freuden. In der Küche wurde gebacken und gekocht. Auch die Weihnachtsgans wurde geschlachtet. Ich mußte sie rupfen, und die Amalie füllte sie mit gekochten Kastanien und Speckwürfeli. Die junge Herrschaft erschien schon am Nachmittag. Da fragte ich die Herrin, ob ich nicht das Liseli holen dürfe, es sei sonst ganz alleine am Heiligen Abend. »Von mir aus«, sagte sie. Als wir alles vorbereitet hatten, huschte ich schnell weg und holte das Liseli. Zuerst wehrte sie sich, doch bald war sie überredet und zog ihre schwarzen Sonntagsschuhe an. Einige Tränen rollten noch über ihr Gesichtchen und sie stotterte: »Das ist das erste Mal, das ich nicht mit meinem Herrn zusammensein kann, und das tut sehr weh. Ich möchte niemandem im Weg stehen.« Sie saß den ganzen Abend im Hintergrund in der Küche, verhielt sich ganz still und sah unserem Treiben zu. Amalie und ich schwitzten und dampften, bis das Essen fertig war. An diesem Abend mußten wir auf die Reste vom Eßzimmer warten, denn wir konnten nicht gut der Gans ein Bein abschneiden. Diese war von Amalie mit weißen Manschetten garniert und verziert worden. Es ging lange, bis wir unser Essen erhielten, doch es reichte für uns drei am Küchentisch. Der alte Herr holte uns dann noch schnell ins Wohnzimmer. Amalie bekam ein großes Geschenk. Auch mir wurden eine Tafel Schokolade und zwanzig Franken in die Hand gedrückt. Ich freute mich sehr über diese Gabe. Nur Liseli ging leer aus. Aber Amalie und ich schenkten ihr unsere Schokolade.

Als wir zusammen heimgingen in die kalte Villa, holte ich das Spitzentuch, das ich für sie angefertigt hatte. Sie drückte mich fest an sich und konnte gar nicht mehr sprechen. Ich war dankbar, daß ich bei dem warmherzigen Jüngferli sein durfte. Wir wußten, daß unsere Tage gezählt waren, denn die Villa war verkauft und das Liseli mußte ins Altersheim.

Am 25. Dezember hatte ich meinen freien Tag und reiste mit den Geschenken, die ich für die Mutter und die Geschwister angefertigt hatte, nach Hause. Daheim gab's viel zu tun. Den Kleinen mußte ich alles erzählen, und die Stube sollte geputzt werden. Köbu hatte sich in meiner Abwesenheit hier wieder breitgemacht, und es lag haufenweise Dreck und Stroh herum. Aber Weihnachten zu Hause war immer eine schöne Sache und ein Familientreffen: der Tannenbaum, die Lieder, die wir sangen, und die Mundartgeschichten, die uns Mutter vorlas; es war so heimelig. Sogar Köbu saß ganz still auf dem Diwan und freute sich an den Zigarren, die er geschenkt bekam. Am darauffolgenden Tag mußte ich wieder nach Bern. Die Herrschaft wollte in die Skiferien und ich sollte mit. Dies wären auch meine Ferien, unterrichtete mich der junge Herr noch. So nahm ich Abschied von meinem lieben Liseli und weinte mich an diesem Abend in den Schlaf. Ich wäre gern bei ihr geblieben. Nun zog ich also mit meiner Herrschaft in die Ferienwohnung nach Lenk. Von Ferien spürte ich nicht viel, denn meine Aufgaben waren gleichgeblieben. Die Herrschaften tummelten sich den ganzen Tag auf der Skipiste und in Restaurants, und ich zog die Kinder auf dem Schlitten durch die Straßen. Mit sehnsüchtigen Blicken schaute ich zur Skipiste hinauf. Am Mittwochnachmittag hatte ich frei, und da wollte ich mit meinen Skiern losziehen. In der Zwischenzeit hatte ich mich mit einer jungen Handarbeitslehrerin angefreundet, mit der ich mich für diesen Tag verabredete.

Am Neujahrsabend hatte ich frei, und die junge Lehrerin versprach, mich ins Dorf zum Tanz mitzunehmen. Den ganzen Tag über freute ich mich riesig. Am Abend fehlte es mir nicht an Tänzern, und ich vergnügte mich bis in den Morgen hinein. Am Neujahrstag hatte ich immer noch die Melodien vom vergangenen Abend im Kopf und war sehr, sehr glücklich. Einmal hatte ich etwas Schönes erlebt und sein dürfen wie andere junge Mädchen.

Eines Abends ging ich noch mit einem Brief zur Post. Da begegnete mir eine Schar junger Mädchen und Burschen, die zwei Bobschlitten bei sich hatten. Sie fragten mich, ob ich Lust auf eine Abfahrt hätte. Ich überlegte nicht lange und ging mit ihnen den Hügel hinauf. In rasender Fahrt sausten wir dem Dorf zu. Doch die letzte, total vereiste Kurve erwischten wir nicht mehr. Der Schlitten rutschte zur

Seite und ich schlug mein Fußgelenk an einem Zaunpfosten auf. Als ich aufstehen wollte, ging es nicht mehr. Bald färbte sich der Schnee rot von meinem Blut. Meine Begleiter entschlossen sich, mich zum Arzt zu bringen. Ich hatte wahnsinnige Angst, denn ich wußte, daß etwas Schlimmes geschehen war. Der Arzt zog mir den Strumpf aus, und eine klaffende Wunde kam zum Vorschein. Er bewegte ein wenig das Fußgelenk, was mich vor Schmerzen aufschreien ließ. Ich müsse sofort ins Spital, da sei alles kaputt, meinte er. Ich bekam noch eine Starrkrampfspritze, dann trugen mich meine Helfer in den Wagen des Arztes und versprachen, den Unfall meinem Herrn zu melden. Niemandem war es wohl bei der Geschichte. Auch mein Gejammer, wäre ich doch nicht mitgegangen, nützte nichts. Der Arzt fuhr mich nach Zweisimmen ins Spital, und ich mußte ihm den Unfall genau schildern. Er sagte noch: »Aber Mädchen, man geht doch nicht mit Leuten, die man nicht kennt. Man weiß ja nicht, ob sie gut fahren können.« Ich sagte, daß ich der Einladung nicht widerstehen konnte und nichts Schlechtes dabei gesehen hätte. Ich wollte nur mit jungen Leuten zusammensein. Der Arzt verstand mich.

Im Krankenhaus wartete schon der Chirurg auf mich. »Mädchen, du hast Glück gehabt, daß du nicht mager bist und noch Fleisch auf den Knochen hast. Sonst hätte ich dir den Fuß wahrscheinlich abnehmen müssen.« Er mußte mich sofort operieren. Am nächsten Morgen sagte er, er hoffe, daß ich es schaffen würde und den Fuß behalten könne; bis jetzt könne er noch keine Garantie geben. Ich schrieb die ganze Geschichte der Mutter. Im Verlauf des Tages besuchte mich der Herr und eröffnete mir, daß er für mich keine Versicherung abgeschlossen hätte und ich die Kosten selber tragen müsse. Die jungen Leute sollten mir dabei helfen. Viel sei da aber auch nicht zu holen, weil sie alle noch in der Ausbildung seien. Er habe auch schon mit dem Arzt gesprochen, es sähe nicht gut für mich aus. Deshalb habe er meine Ski und den Koffer gebracht. Es werde Monate dauern, bis ich wieder gehen könne, und deshalb sähe er sich gezwungen, sich nach einem anderen Mädchen umzusehen. Für ihn war die Sache damit erledigt. Er ging aus dem Zimmer, ohne mir die Hand zu geben, ohne mir gute Besserung zu wünschen. Ich sagte dem Arzt, daß ich nicht mehr hier liegen könne, da niemand für mich bezahlen würde. Ich selber war auch nur für zwei Franken Tagegeld versichert. Der Arzt meinte, er würde mit dem Herrn sprechen, denn er wäre verpflichtet gewesen, für mich eine Versicherung abzuschließen. Doch er konnte auch nichts ausrichten. Er riet mir, vor Gericht zu gehen. Doch das war unmöglich. Ich hatte ja kein Geld für einen Anwalt.

Die Mutter organisierte ein Auto und holte mich heim. Der Arzt war damit gar nicht einverstanden, und wir mußten ihm ein Formular unterschreiben, das ihn jeglicher Verantwortung enthob. So reiste ich mit meinem Gipsbein nach Hause. Die Mutter schimpfte mich während des ganzen Heimwegs aus. Einen ganzen Monat mußte ich im Bett bleiben. Der Dorfarzt besuchte mich zweimal in der Woche. Als ich endlich wieder aufstehen durfte, zimmerte mir der Köbu ein paar Krücken. Nach zwei Monaten konnte ich endlich wieder ein wenig gehen. Die Rechnungen vom Arzt und vom Krankenhaus waren auch gekommen. Der Arzt, der mich am Unfalltag operiert hatte, schickte eine Rechnung von nur fünfzehn Franken, wofür ich ihm ewig dankbar sein werde. Er war auch immer sehr lieb gewesen und hatte mich verstanden. Kein einziges Mal machte er mir Vorwürfe, im Gegensatz zu allen anderen. Auch die jungen Leute brachten mir fünfzig Franken ins Spital, um die ärgste Not zu lindern. Ich schrieb allen, daß sie sich gedulden müßten, bis ich wieder arbeiten könne. Dann würde ich alles in Raten abbezahlen.

Eine neue Stelle

Endlich konnte ich wieder auf eigenen Beinen stehen. Es wurde auch langsam höchste Zeit, denn ich mußte so schnell wie möglich Geld verdienen. Ich wollte meinen Schuldenberg abtragen. Eines Tages kam ein Vertreter, um ein Gerät, das Mutter über ein Inserat bestellt hatte, zu liefern. Bei dieser Gelegenheit erkundigte er sich nach jemandem, der in einer Haushaltung arbeiten wollte. Das kam mir sehr gelegen und der Handel wurde gemacht. Mutter und ich beschlossen, uns die Stelle anzusehen. Wie immer hatten wir fast kein Geld, und so entschieden wir uns, mit dem Fahrrad nach Burgdorf zu radeln. Am Abend vor unserer Reise studierten wir noch gründlich die Landkarte. Köbu half uns dabei.

An einem schönen Frühlingsmorgen fuhren wir guten Mutes los. Zuerst den Hügel hinunter nach Thurnen, über Worb, Krauchthal und dann durch das Unterbergthal. Wir wähnten uns beinahe in Texas, alles Naturstraßen, gesäumt von Bäumen, die verstaubt in der Einöde standen. Wir sahen nur ein paar Hüterbuben mit Kühen, die uns anbettelten. Sie wollten Geld und Schokolade haben. Wir ließen uns erweichen und schenkten ihnen die Tafel Schokolade, die wir als Proviant bei uns hatten. Mit einem Umweg über Oderburg erreichten wir endlich Burgdorf. Wir wußten fast nicht mehr, wie auf den Sätteln sitzen, so tat uns das Hinterteil weh. Wir mußten noch einige Male Passanten nach dem Weg fragen, bis wir endlich gegen Mittag das schöne alte Holzhaus der Familie Lanz fanden. Mit Herzklopfen läuteten wir an der Tür. Als diese aufgeschlossen wurde, rannte uns ein zähnefletschender Schäferhund entgegen. Eine Stimme rief im Hintergrund: »Hierher, Bobby!« Doch es brauchte noch etliche Zurufe, bis das Vieh endlich folgte. Dann wurden wir nach unseren Wünschen gefragt. Als Frau Lanz hörte, um was es sich handelte, bat sie uns freundlich ins Haus. Wir landeten im Eßzimmer, und Frau Lanz befahl dem Dienstmädchen, uns etwas zum Essen aufzustellen. Scheu aß ich an dem großen Tisch, und es wurde verhandelt. Ob ich fähig sei, selbständig den großen Haushalt zu führen, ich schien ihr noch ein wenig jung. Ich sagte, daß ich bereits neunzehn Jahre alt sei und daß ich es mir schon zutrauen würde.

So wurde ausgehandelt, daß ich am nächsten Ersten anfangen sollte und daß ich hundertfünfzig Franken Lohn erhalten würde, bei freier Kost und Logis. Natürlich hätte ich bei ihnen Familienanschluß, ich dürfte auch am Sonntag mit ihnen ausfahren. Frau Lanz war sehr liebenswürdig. Als sie hörte, daß wir mit dem Rad unterwegs waren, gab sie uns zwanzig Franken für die Fahrkarten.

Wieder draußen, wurde es mir schwer ums Herz. Ich wußte nicht, warum, und getraute mich auch nicht, etwas zu sagen. Irgend etwas in den Augen von Frau Lanz gefiel mir nicht. Auch ihre Hände waren mir unsympathisch. Mutter fand sie nett, da würde ich es sicher gut haben. Nach meinem Zimmer hatten wir vergessen zu fragen, aber Mutter meinte, das werde sicher recht sein bei dem stattlichen Haus. Ich war da nicht so sicher.

Auf unseren Drahteseln fuhren wir nun zum Bahnhof, froh, nicht mehr nach Hause radeln zu müssen. Mutter wollte nicht die ganzen zwanzig Franken für die Fahrkarten ausgeben, und so lösten wir nur bis Thun. Dort tranken wir dann für die restlichen vier Franken einen Milchkaffee und aßen zwei Stück Gebäck dazu. Als wir wieder auf unseren Sätteln sassen und immer wieder eine Stelle suchten, die nicht schmerzte, bereuten wir unsere Idee mit dem Zvieri sehr bald. Es war längst Nacht geworden, als wir endlich zu Hause anlangten. Mutter mußte noch die Tiere füttern und ich etwas Kleines kochen, dann schlüpften wir beide todmüde in unsere Betten.

Der 1. April kam und ich mußte abreisen. Mutter gab mir noch ihr Eiergeld. Das reichte für das Postauto und für die Bahn. Mit meinem alten Koffer stand ich vor der Haustür der Familie Lanz und hatte fast nicht den Mut, auf den Klingelknopf zu drücken. Ich hatte wahnsinnige Angst vor dem, was mich hier erwartete. Wieder war ich fremden Menschen ausgeliefert. Ich hatte keine guten Erfahrungen gemacht; nun sollte das in der nächsten Zukunft mein Heim werden. Ob ich dort glücklich oder unglücklich sein würde, hing von diesen Leuten ab. Es half alles nichts. Ich klingelte und wurde hereingelassen. Frau Lanz war froh, daß ich kam, denn sie war allein. Ihr Dienstmädchen war bereits gegangen. Dann wurde mir mein Zimmer gezeigt. Zuerst ging's durch das Eßzimmer, dann durch ein Büro, wo ein Fräulein am Schreibtisch saß. Der nächste Raum war eine Werkstatt. Arbeiter und Techniker reparierten hier Geräte. Nun standen wir auf einer Laube, und es ging die Treppe hoch in den Estrich, der voller Holz und Briketts war. Ich wurde sehr traurig, denn ich wußte nun, wo ich hausen mußte, wieder unter dem Dach bei den Fledermäusen. Frau Lanz öffnete eine Tür und ging hinein. Nacheinander mußten wir uns an der Wand entlangdrücken, um neben dem Bett vorbeizukommen, so eng war es hier. Das Bett sah aus, als wäre kurz vorher jemand herausgeschlüpft. Alles war schmutzig. Ich könne dann am Mittwochnachmittag hier putzen, meinte Frau Lanz. Bettwäsche würde sie mir am Abend geben. Die restliche Einrichtung war wie gewohnt: ein Tisch, ein Stuhl, ein alter Waschtisch mit Schüssel und Krug und ein Schrank. Alles war unpersönlich und kalt. Dann befahl mir Frau Lanz, mich zu beeilen, es warte Arbeit auf mich in der Küche. »Hast du übrigens den anderen Koffer noch am Bahnhof?« Ich stutzte und fragte, welchen Koffer sie meine. »Du willst doch nicht etwa sagen, daß das alles ist, was du hast?« Kleinlaut gab ich zur Antwort, ich würde nicht mehr besitzen. Sie fand, es wäre eine Zumutung für sie, mich immer in den gleichen Lumpen zu sehen, und wühlte in meinem Koffer herum. Nun war ich wieder abgestempelt, die arme Kirchenmaus, mit der man machen konnte, was man wollte. Als sie draußen war, zog ich mich um und setzte mich einen Moment auf den Stuhl. Ich ahnte nichts Gutes. Ich brauchte ein paar Minuten, um mich zu fassen und die aufsteigenden Tränen hinunterzuwürgen. Auspacken konnte ich nicht, denn ich mußte ja zur Arbeit antreten. Über die vielen Treppen und Räume versuchte ich, den Weg in die Küche zu finden, endlich dort angelangt, wurde mir befohlen, das Geschirr zu waschen. Ich mußte mich, um zur Spüle zu kommen, durch Berge von Geschirr kämpfen. Es war kein schöner Anfang.

Frau Lanz half mir beim Kochen. Natürlich machte sie wieder alles anders, als ich es gelernt hatte. Das würde sie Nerven kosten, bis ich wüßte, wie sie es haben wollte, meinte sie. Am Nachmittag mußte ich Kleider putzen und bügeln; haufenweise hingen sie an einer Stange auf der Laube. Bald war es

Zeit, um das Nachtessen zu kochen. Beim Essen lernte ich dann alle Familienmitglieder kennen. Da waren der Herr und die Frau Lanz und ihre beiden Söhne, Viktor und Paul. Auch der Vertreter, den ich schon von Riggisberg her kannte, saß am Tisch. Er war ein Verwandter der Familie. Dann gehörte noch der Schäferhund dazu. Mit dem freundete ich mich mit der Zeit an. Nach dem Essen und einem Spaziergang mit dem Hund wurde mir das ganze Haus gezeigt. Im Erdgeschoß gab es zwei große Vorführräume voller Geräte und das Badezimmer der Herrschaft, daß ich nie benutzen durfte. Es würde sie sonst anekeln, meinte Frau Lanz. Auch eine Waschmaschine, die sie zu meiner Freude besaßen, stand hier. Im ersten Stock befanden sich das Eheschlafzimmer und ein Studio mit einer Bibliothek. Dann waren hier noch das Näh- und Bügelzimmer, Küche, Eßzimmer, zwei Büros und die Werkstatt. Im dritten Stockwerk waren die Zimmer der Söhne und des Verwandten Werner, zusätzlich gab es hier auch noch ein Gästezimmer. Das mußte ich alles kennen, denn außer der Werkstatt hatte ich alles zu putzen. Auf dem Dachboden wohnte neben mir auch noch ein polnischer Flüchtling, der in Lanzes kleiner Fabrik, die neben dem Haus stand, arbeitete. Dann zeigte mir Frau Lanz den Garten. Da stand ein runder, alter Brunnen, den ich jede Woche einmal putzen mußte. Auch den Nutzgarten, der mit Unkraut überwuchert war, sollte ich in Ordnung halten. Ich wußte fast nicht, wo mir der Kopf stand bei all den vielen Aufgaben, die auf mich warteten. Nun mußte ich mich zu Frau Lanz ins Eßzimmer setzen, aber nicht etwa auf einen der Polstersessel, nein, ich mußte einen Stuhl nehmen, denn es schickte sich nicht für junge Mädchen, sich auf weiche Stühle zu setzen. Ich wurde über das Programm des nächsten Tag unterrichtet: Um fünf Uhr dreißig müsse ich beginnen, zuerst die Büros putzen und im Winter überall die Öfen einheizen. Nachher sei es Zeit, Frühstück zu kochen, die Söhne zu wecken, alles Bettzeug zum Auslüften ans Fenster zu legen und anschließend die Betten und Zimmer in Ordnung zu bringen. Den Eßplan würde sie mir jeweils beim Frühstück bekanntgeben. Zu meinen Aufgaben gehörten auch Einkaufen, Mittagessen Kochen, Abwaschen und jeden Tag etwas backen, Wäsche bügeln und flicken. Mir rauchte der Kopf. Es war bereits zehn Uhr, als ich endlich in meinen Taubenschlag konnte. Mit dem Arm voll altem Bettzeug stolperte ich die Treppe hinauf, um endlich auszupacken. Müde bezog ich die knarrende alte Bettstatt. Die Waschschüssel hatte einen schwarzen Schmutzrand, deshalb zog ich es vor, ungewaschen ins Bett zu gehen. Zum Nachdenken blieb mir nicht mehr viel Zeit, denn die Augendeckel fielen mir vor lauter Müdigkeit bald zu.

Ich hatte das Gefühl, kaum eingeschlafen zu sein, als der Wecker auf dem Nachttisch ratterte. Fünf Uhr, mein Tagwerk begann, und ich raste mit Stahlspänen, Bürsten und Schaufel in den Büros und der Wohnung herum. Da erschien auch schon Frau Lanz und hielt mir ein Kleid unter die Nase. Ob sie so etwas anziehen solle, ich hätte nicht einmal die Nähte ausgebürstet. Das war mir etwas ganz Neues, die Nähte ausbürsten. Sie hängt alle Kleider wieder auf die Laube, und ich mußte noch einmal von vorne anfangen.

Als ich das Schlafzimmer der Meistersleute betrat, wurde mir fast übel. Auf dem Boden lagen blutige Binden, Unterhosen und Wäsche aller Art. Als ich die Betten machen wollte, hatte ich plötzlich eine Zahnprothese in der Hand. Ich mußte mir Mühe geben, um nicht zu erbrechen. Am Vormittag wurde ich dann von Frau Lanz gerufen, um für ihre »Schätzeli«, wie sie die Büroangestellten nannte, Kaffee zu kochen. Eine ganze Stunde plauderte und scherzte sie mit ihnen. Mich fragte niemand, ob ich auch Kaffee wollte. Ich rannte den ganzen Vormittag herum und konnte die viele Arbeit fast nicht bewältigen. Große Taschen voller Lebensmittel schleppte ich in die Küche, und in rasender Eile putzte und kochte ich das Gemüse. Auch am Nachmittag war es nicht besser, ich hatte kaum Zeit, mich einige Minuten hinzusetzen und auszuruhen.

So verging nun Tag um Tag. Manchmal nahmen sie mich am Sonntag auf Ausflüge mit. Dann mußte ich den ganzen Nachmittag hören, daß sie eigentlich nicht dazu verpflichtet wären, es geschähe nur aus Großzügigkeit. Ich sollte dankbar sein und es mit Fleiß lohnen. Wie ein verschupftes Huhn saß ich auf dem Hintersitz und drückte mich in die Polster. Immer wieder stammelte ich die Worte: »Ja, Frau Lanz, ich werde mir Mühe geben, ich danke Ihnen vielmals.« Bald hatte ich keine Lust mehr mitzugehen und zog es vor, die Sonntage alleine zu Hause zu verbringen. Herr Lanz sprach sowieso nie mit mir, nur wenn es nicht anders ging und er mir etwas befehlen mußte, ließ er sich dazu herab, mich anzusprechen.

Wenn ich ein Zimmer geputzt und auf Hochglanz poliert hatte, kam Frau Lanz und zog die Schränke und Kommoden hervor, um mich zu kontrollieren. Wehe, wenn sie noch Staub fand. Nie wehrte ich mich, bis ich eines Tages genug hatte. »Wenn ich alles so schlecht mache, kann ich ja gehen«, sagte ich und verließ das Zimmer, um meine Sachen zu packen. Ich war noch nicht fertig, als Frau Lanz das Zimmer betrat, bat und bettelte, ich sollte doch hierbleiben. Sie hätte es nicht so gemeint, sie wäre sehr zufrieden mit mir. Sie versprach mir zehn Franken mehr Lohn im Monat. Dann sprach sie noch von ihren Sorgen mit dem Geschäft und daß sie manchmal fast durchdrehe. Sie setzte sich auf mein ungemachtes Bett, denn außer an meinem freien Nachmittag kam ich nicht dazu, es zu machen, und fing jämmerlich an zu weinen. Da hatte sie meine schwache Stelle getroffen, ich bekam Mitleid mit ihr und packte meine Koffer wieder aus. Sie fragte mich, ob ich ihr helfen wollte zu sparen, denn es stünde nicht gut um die Firma. Ich versprach ihr, meinen freien Nachmittag zu opfern, um noch zusätzliche Arbeiten zu verrichten, aber ich würde mich nicht mehr so erniedrigen lassen. Sie versprach, sich zu bessern. Eine Weile ging es gut, dann war alles wieder beim alten. Wenn sie zornig war, schaute sie mich mit ihren Adleraugen so böse an, daß es mich fröstelte. Oft hatte ich genug und sehnte mich nach Liebe und einem eigenen Heim. Auch richtig leben wollte ich einmal, tanzen und ins Kino gehen. Wenn ich in meiner Freizeit irgendwohin wollte, mußte ich immer zuerst Frau Lanz fragen. Einmal hatte ich die Gelegenheit, mit dem Fräulein, das im Hinterhaus wohnte, zu einem Trachtenfest zu gehen. Ich hatte fast nicht den Mut, Frau Lanz um Erlaubnis zu fragen. Immer wieder schob ich es auf. Stotternd brachte ich dann endlich meinen Wunsch vor. Da bekam ich etwas zu hören. Ich sei auch eine solche, die auf den Tanzboden wolle. Das hätte sie nie von mir gedacht. Dort träfe sich der Abschaum der Menschheit. Man könne heute nicht mehr von treuen Dienstboten sprechen wie früher, wo ein Mädchen ein Leben lang seiner Herrschaft gedient hätte. Nach einer langen Strafpredigt sagte sie, daß ich für einmal gehen könnte. Aber sie hatte mir das Fest gründlich verleidet. Nach der Vorstellung ging ich mit dem Fräulein nach Hause und meldete mich zurück. Ich fragte nie mehr, ob ich irgendwohin gehen könne, ich wußte nun Bescheid. So verlief mein Leben ziemlich freudlos, mein einziges Vergnügen waren die Spaziergänge mit dem Hund. Eines Tages lernte ich ein junges Mädchen, das Bethli, kennen. Es arbeitete bei Lanzes in der Fabrik und wurde dort auch ziemlich ausgenützt. Ihr konnte ich nun ab und zu mein Leid klagen.

In der Zwischenzeit war ich zwanzig Jahre alt geworden. Mein Geburtstag war vorübergegangen wie jeder andere Tag, kein Fest, kein gutes Essen, nur eine Schürze kaufte mir Frau Lanz. Bald ging es dem Winter zu, und ich mußte am Morgen im ganzen Haus die Öfen einheizen. Mir wurde die Arbeit langsam zuviel, auch bekam ich plötzlich Blutungen und mußte zum Arzt. Ich fühlte mich häufig nicht gut und litt öfters unter Angina. Der Arzt wollte mir die Mandeln schneiden. Frau Lanz war gar nicht erfreut darüber, doch fand sie einen Ersatz für mich, und ich konnte mich operieren lassen. Ich war jetzt auch richtig versichert, so daß mir keine so großen

Kosten entstanden. Nach der Operation mußte ich mich noch vierzehn Tage erholen. Zu diesem Zweck ging ich nach Hause, wo es dann aber mit der Ruhe auch nicht soweit her war. Ich konnte doch nicht zusehen, wenn Mutter nicht wußte, wie sie die viele Arbeit bewältigen sollte. Nach zwei Wochen trat ich wieder meinen Dienst an. Frau Lanz begrüßte mich mit den Worten, die zwei Wochen wären meine Ferien gewesen.

In meinem Zimmer war es kalt. Wenn ich mich darin aufhielt, mußte ich ins Bett, sonst fror ich fürchterlich. Am Sonntag Nachmittag hatte ich immer zwei bis drei Stunden frei. Da ging ich meistens schlafen. Das paßte aber der Frau Lanz nicht: Das mache doch ein junges Mädchen nicht, ich solle mich lieber im Eßzimmer aufhalten. Den Grund dafür merkte ich bald. So hatte sie mich stets zur Hand, wenn sie Wünsche hatte, Zvieri kochen, Silber putzen oder Wäsche aufhängen. Wenn der Herr zum Fußballspiel ging, war sie immer zornig. Dann kam ich ihr gerade recht. Einmal kam sie auch am Sonntag auf die Idee, den Geschirrschrank auszuräumen, ich mußte alles abwaschen. Am Abend hörte ich, daß ihr der Herr die Leviten las, das freute mich riesig.

Wieder einmal hatte ich ihre Reklamiererei gründlich satt und wollte gehen. Da kam sie erneut mit ihrer Mitleidmasche, erzählte von ihren Sorgen und hatte mich so auch bald wieder weichgeklopft. Doch sah sie ein, daß ich die viele Arbeit nicht mehr alleine bewältigen konnte. Sie werde dafür sorgen, daß der Laufbursche aus der Fabrik komme und mir beim Einheizen und sonstigen Arbeiten helfe.

Vom Montag an kam der Fredel. Er war leicht beschränkt, aber ich mochte ihn gern. Er half mir viel und war eine große Entlastung für mich. Manchmal kam er schon um fünf Uhr morgens und holte den Schlüssel bei mir. Ich legte ihn immer auf den Nachtisch, das Zimmer hatte ich nie abgeschlossen. Dem Fredel traute ich, er trug mir immer das Holz. Doch eines Morgens erschrak ich fast zu Tode. Als ich aufgestanden war und splitternackt dastand, ging die Tür auf und Fredel stand vor mir. Ich riß das Nachthemd an mich, bedeckte mich notdürftig und schrie, er solle verschwinden. Doch er machte keinen Wank. Mit gierigen Augen sah er mich an. Sein Atem ging keuchend, mit schwerer Zunge sagte er: »Nun bist du dran.« Ich flüchtete bis zum Waschtisch und faßte nach dem Krug. Ich schrie aus voller Kehle um Hilfe. Der Pole hörte es und kam herbeigeeilt. Er packte Fredel und schleuderte ihn zur Tür hinaus. Ich schlug die Tür hinter mir zu und verriegelte sie. Mir schossen die Tränen in die Augen vor Scham und Grauen. Als ich angezogen war und hinausging, wartete der Pole draußen auf mich. Er sagte, er hätte den Fredel schon viele Male beobachtet, wie er durch mein Schlüsselloch sperberte. Warum in aller Welt er denn nichts gesagt hätte, wollte ich wissen. Er habe nicht gedacht, daß es soweit kommen würde, und ein Freudeli hätte er ihm auch gegönnt.

Als ich herunterkam, war der Fredel beim Heizen und tat so, als wenn nichts gewesen wäre. Ich erzählte das Ganze der Frau Lanz. Sie begriff nicht, daß ich ihn in mein Zimmer gelassen hatte. Ich versicherte immer wieder, ich hätte ihm getraut und nicht geahnt, daß er zu so etwas fähig sei. Er sei doch nicht ganz normal, gerade deshalb sei er schon in einer Anstalt gewesen, wegen solcher Lumpereien. Auf meine Frage, warum sie mir dies nicht gesagt hätte, meinte sie, sie hätte ja nicht gewußt, wie dumm ich sei. Ich hatte noch lange Angst und getraute mich fast nicht mehr auf mein Zimmer.

Frau Lanz wurde immer aggressiver, ich wußte manchmal fast nicht mehr, was ich tun sollte, um es ihr recht zu machen. Das einzige, was ich wußte, war, daß die Geschäfte schlecht gingen und sie dem Konkurs nahe waren.

Frau Lanz hatte eine Untugend. Sie ließ überall Geldbeträge und angerauchte Zigaretten herumliegen. Ich mußte dann jeweils die häßlichen Löcher in den Möbeln abschleifen. Als sie einmal nach Hause kam, legte sie achthundert Franken auf einen Tisch im Schlafzimmer und vergaß, das Geld wegzuräumen. Am nächsten Morgen war es weg. Zuerst fragte sie mich, ob ich es gestohlen hätte. Ich wußte überhaupt nichts von dem Geld, weder hatte ich es gesehen, geschweige denn eingesteckt. Sie aber schimpfte und behauptete, ich hätte es genommen. Ich war dem Weinen nahe ob der gemeinen Beschuldigung. Dann ging eine große Sucherei los, die ganze Belegschaft flitzte in der Wohnung herum. Von den Büroangestellten wurde niemand verdächtigt, obwohl die alle auch Zutritt zu der Wohnung hatten. Immer wieder kam sie zu mir. Es war schrecklich. Sie tastete mich ab und kehrte und wendete meine Taschen. Ich durfte nicht mehr aufs Zimmer zurück. Sie wollte die Polizei kommen lassen. Auf einmal durchzuckte mich ein Gedanke: Wenn jemand das Geld auf mein Zimmer gebracht hatte, um den Verdacht auf mich zu lenken? Mir wurde es ganz schlecht. Da ging ich nochmals ins Schlafzimmer und was sah ich auf dem Tisch: die achthundert Franken. Alle hatten sie auf dem Tisch gesucht, aber niemand sah das Geld. Und nun lag es plötzlich vor meinen Augen. Ich verstand die Welt nicht mehr und rief sofort nach Frau Lanz. Nun war ich erst recht zum Sündenbock abgestempelt. Sie meinte, ich hätte es mit der Angst zu tun bekommen und darum das Geld wieder hingelegt. All meine Schwüre halfen nichts. Sie glaubte mir nicht. Es war schrecklich und tat mir sehr weh. Von da an kontrollierte sie auch das Haushaltungsbuch genau und räumte alle Geldbeträge auffällig vor mir weg. Manchmal ließ sie sogar extra kleine Geldbeträge liegen, um mich zu testen. Dieses Mißtrauen verkraftete ich fast nicht, die andauernden Beschuldigungen wurden mir zuviel, und das sagte ich ihr auch. Darauf wurde es wieder etwas besser, und sie beschwor mich, nicht wegzugehen. Also blieb ich. Die ganze Geldgeschichte aber hatte eine tiefe Wunde hinterlassen, die ich nie vergessen würde.

An Weihnachten wollte Frau Lanz etwas gutmachen. Sie schenkte mir eine Uhr und schrieb in einem Brief dazu: »Unserer lieben Rosmarie. Hier ein Zeichen unserer Dankbarkeit für Deine überaus liebe und angenehme Art! Wir hoffen, daß Du noch recht lange bei uns bleiben mögest, denn wir schätzen Dich. Wir danken Dir für Deine liebe Mitarbeit, die große Treue und Deinen Fleiß. Deine Familie Lanz.« Dieser Brief brachte mich zum Weinen, denn ich war es nicht gewohnt, gelobt zu werden. Ein kleiner Wermutstropfen war bei der Uhr aber doch dabei: Es war eine alte von Frau Lanz. Für sich kaufte sie eine neue, weil sie die Zahlen nicht mehr gut lesen konnte.

Am Morgen, wenn ich die Wohnung betrat, saß die Hausherrin in der letzten Zeit des öfteren schon am Eßzimmertisch, wo sie die ganze Nacht verbracht hatte. Vor ihr lag die Bibel und sonst noch alles Mögliche an frommen Büchern. Ihre Augen waren verweint, sie sah müde aus. Die ganze Nacht hatte sie gebetet und Gott angefleht. Das ganze Getue aber half nicht, und eines Tages schmiß sie den ganzen Plunder in die Ecke.

Mein Pech war, daß ich immer wieder zu Familien kam, die am Verlumpen waren und deshalb auch böse und ungerecht wurden. In der Fabrik stellten sie, um sich über Wasser zu halten, Frucht- und Knoblauchpressen her. Frau Lanz fragte mich, ob ich hie und da einen Abend dort aushelfen wollte. Ich könnte zusätzlich fünfzig Franken im Monat verdienen. Das Angebot lockte mich. Vier, manchmal fünf Abende arbeitete ich bis zwölf Uhr, und bald kamen noch vier Zusatzstunden am Tag dazu. Einmal sagte Frau Lanz, ich sollte arbeiten bis zur Bewußtlosigkeit, sonst käme sie nicht durch. Und ich arbeitete, bis mir vor Müdigkeit die Augen zufielen und ich die Löcher, die ich zu bohren hatte, nicht mehr sah. Einen freien Nachmittag hatte ich schon lange nicht mehr gehabt. Das einzige, was mir blieb, war der Sonntagnachmittag, an dem ich todmüde ins Bett sank und schlief.

Ich mußte zum Zahnarzt, denn ich wurde des öfteren von Zahnschmerzen geplagt und war seit der Schule nicht mehr in einer Behandlung gewesen. Frau Lanz nannte mir einen Zahnarzt, der nicht teuer wäre und die ganze Familie behandeln würde.

Ich mußte etliche Male hingehen. Bei der zweitletzten Sitzung beugte sich das kleine Männchen mit dem weißen, gestutzten Schnurrbart über mich und küßte mich auf den Mund. Ich erschrak sehr und wußte nicht, wie ich mich wehren sollte. Er drückte mich immer tiefer in den Stuhl und hielt mich an den Oberarmen fest. Auf einmal erwachten meine Lebensgeister wieder, und ich gab ihm mit meinen Fäusten einen kräftigen Stoß, so daß er rückwärts taumelte. Blitzschnell erhob ich mich und raste zur Tür hinaus. Auf Frau Lanzes Rat hin ging ich dann doch noch einmal zu ihm, zum Polieren, war aber nun gewappnet gegen seine Angriffe. Als ich auf dem Stuhl saß und er seine Arbeit beendet hatte, fragte er, ob es das letzte Mal nicht viel schöner gewesen sei. »Nein, sicher nicht, es hat mich noch lange angeekelt, und ich habe mich immer waschen müssen, bis ich das widerliche Gefühl los wurde.« Da sagte er nur: »Schade, du hättest es anders haben können.« Schon nach zwei Tagen bekam ich eine gesalzene Rechnung von dreihundertfünfzig Franken. Ich stotterte sie dann über eine geraume Zeit hinweg ab.

Ich war schon über zwanzig Jahre alt, als ich mir endlich meinen ersten warmen Wintermantel kaufen konnte. Im Ausverkauf erstand ich ihn für fünfundachtzig Franken, dazu schöne schwarze Wildlederschuhe, eine weiße Bluse und einen schwarzen

Rock. Ich freute mich unbändig an den neuen, schönen Kleidern. Bevor ich am Abend ins Bett ging, zog ich schnell den Mantel an, um mich zu betrachten.

Endlich hatten die Techniker die Pläne für ein neues Gerät ausgearbeitet. Lanzes fanden in Rüegsau einen ausgedienten Lagerraum, dort wollten sie die neue Fabrik aufbauen. Jeden Samstag mußten nun alle Angestellten dorthin. Wir brachen Backsteinwände heraus und putzten die Steine. Allen voran Frau Lanz. Sie entwickelte übermenschliche Kräfte. Sie klopfte den ganzen Tag mit dem Hammer auf den Steinen herum und einmal so richtig daneben. Eine große Wunde klaffte in ihrer Hand, das Blut strömte heraus. Sie wurde ordentlich bleich. Da nichts anderes vorhanden war, wickelte sie ein Taschentuch darum und stieg ins Auto. Sie fuhr nach Burgdorf, um sich dort die Wunde nähen zu lassen. Knapp zwei Stunden später war sie wieder beim Steineklopfen. Da wußten wir, wie hart sie auch mit sich selber war. Bald nahm die Fabrik Gestalt an; es entstanden Werkhallen, die nach kurzer Zeit bezogen werden konnten.

Ich arbeitete am Abend immer noch in der Fabrik. Eines Tages brach ich zusammen. Drei Tage durfte ich im Bett bleiben, dann ging Frau Lanz mit mir zum Arzt. Dieser sagte, ich hätte Erschöpfungszustände, und etwas würde mit dem vegetativen Nervensystem nicht stimmen. Er riet mir dringend, in ein Erholungsheim zu gehen. Frau Lanz meinte, sie würde das regeln. Sie schickte mich für vierzehn Tage nach Hause. Dort arbeitete ich natürlich trotzdem wieder. Nur am Morgen konnte ich etwas länger schlafen.

Mutter wußte eine neue Stelle für mich. Ich ging mich vorstellen. Ich versprach, in zwei Monaten anzufangen. Noch einmal kehrte ich zur Familie Lanz zurück. Ich war noch schwach und mußte viele Medikamente schlucken. Dort angekommen, kündigte ich sofort, aber Frau Lanz unternahm alles, um mich am Gehen zu hindern. Sie versprach mir, daß ich ein zweites Mädchen suchen könnte, sie würde gleich morgen ein Inserat in die Zeitung setzen. Dann bräuchte ich nur noch die leichten und schönen Arbeiten zu machen. Sie suchte auch sofort eine Putzfrau, die aber nur dreimal kam, dann nicht mehr. Sogar Ferien in Italien wollte sie mir bezahlen. Jeden Tag kam sie mit einem neuen Versprechen, aber ich ließ mich nicht erweichen. Ich wußte, daß sie nie hielt, was sie versprach. Meine Gesundheit ließ sehr zu wünschen übrig, ich mußte leichtere Arbeit haben.

An einem Samstagabend nahm mich der Vertreter mit nach Hettiswil zu einem Fest. In der Festhütte angekommen, setzte er mich ab und verschwand zu seiner Freundin, allerdings mit der Versicherung, mich so gegen zwei Uhr abzuholen.

Mir war es ein wenig bange unter den vielen fremden Menschen. Es machte mir angst, und ich wußte nicht, wo ich mich hinsetzen sollte. Nach einigem Suchen fand ich einen freien Platz neben einer Frau, die anscheinend auch alleine war. Ich brauchte nicht lange auf einen Tänzer zu warten und war froh, daß ich nicht das Mauerblümchen spielen mußte. Der Turnverein von Hettiswil gab eine Vorstellung auf der Bühne. Dort war ein Bursche dabei, der mir sehr gefiel. Immer wieder mußte ich ihn anschauen. Plötzlich stand der hübsche Mann vor mir und bat mich um einen Tanz. Er wollte sich nur noch schnell umziehen. Mein Herz klopfte bis zum Hals, ich konnte es gar nicht fassen. Es war Liebe auf den ersten Blick. Ein wunderschöner Abend folgte, ich schwebte im siebenten Himmel. Wir machten einen Spaziergang. Otti küßte mich sehr zart. Viel zu früh stand der Vertreter wieder vor mir, und ich mußte Abschied nehmen.

Am nächsten Morgen beim Frühstück plapperte mein Begleiter alles aus und sagte, daß ich ein Schätzeli gefunden hätte. Frau Lanz warnte mich, ich sollte aufpassen und mich nicht dem erstbesten an die Brust werfen. Sie fand auch, ich wäre zu schade für einen gewöhnlichen Arbeiter. Doch ich ließ mich nicht beirren.

Otti hatte eine Schwester, die in Burgdorf in einem Laden arbeitete, dort ging ich nun fast jeden

Tag hin, um Grüße zu bestellen. Schon am Mittwoch erfuhr ich, daß der Otti im Spital lag, weil er am Knie operiert werden mußte. Am Sonntagnachmittag fuhr ich nach Bern, um ihn zu besuchen. Seine Mutter saß am Bett, so daß ich ihm keinen Kuß geben konnte. Ich war froh, als sie endlich aufstand und ging. So hatten wir noch ein halbes Stündchen für uns. Es war überwältigend, wie ich diesen Burschen liebte. Ich war wahnsinnig glücklich und wurde bald wieder gesund. An der Solennität, dem Kinderfest in Burgdorf, sah ich meinen Geliebten wieder. Sein Knie war noch nicht geheilt. Aber er war bei mir und das zählte. Tanzen konnte er noch nicht so recht, darum gingen wir frühzeitig wieder nach Hause. Es war so schön, einmal im Leben richtig glücklich zu sein, Liebe zu spüren und zu geben, sich zu liebkosen und zu küssen. Mein Herz floß fast über. Ich konnte es nicht glauben, daß ich so etwas Schönes erleben durfte. Wir schrieben uns häufig, ich las die Briefe ein ums andere Mal und drückte sie zärtlich an meine Wangen. Die Fotos, die ich von ihm erhielt, küßte ich immer wieder und dachte dabei an meinen Otti. Endlich hatte ich einen Menschen gefunden, der zu mir gehörte, endlich war ich nicht mehr alleine.

Mein letzter Tag in Burgdorf rückte heran, es war ein Samstag. Ich kochte das Mittagessen und machte alles schön zurecht. Dann wollte ich auf Wiedersehen sagen, aber fand im ganzen Haus keinen Menschen. Auf dem Wohnzimmertisch lag mein Lohn und das Zeugnis, sonst nichts. Es machte mich sehr traurig, daß ich nach zwei Jahren treuer Arbeit nicht einmal einen Händedruck wert war. Ich holte meine Koffer, es war einer mehr dazu gekommen. Das Zimmer putzte ich blitzblank. Nun sah es wieder kalt aus. Als ich den Lohn kontrollierte, merkte ich, daß mir Frau Lanz die Ferien nicht ausbezahlt hatte. Sicher hatte sie mir wieder die Krankheit als Ferien angerechnet.

Am Bahnhof wurde ich doch etwas traurig, von Burgdorf wegzugehen. Das Städtchen mit den alten Kopfsteinpflastersträßchen war mir lieb geworden. Stolz auf mich war ich trotz allem, denn ich hatte es geschafft, zwei Jahre durchzuhalten, auch wenn ich nicht viel Schönes erlebt hatte.

Ich fuhr nach Riggisberg und machte dort eine Woche Ferien. Den Brief, den mir die neue Meisterin geschrieben hatte, wertete ich als gutes Zeichen. Sie schrieb nämlich, daß ihr Mädchen gerne eine Woche länger bleibe, und freute mich auf die neue Stelle.

Am Sonntag kam mein Liebster auf dem Militärmotorrad zu Besuch. Otti konnte noch nicht arbeiten, denn sein Knie war immer noch nicht ausgeheilt. So blieb er eine ganze Woche in Riggisberg. War das eine schöne Zeit. Die Mutter wollte ihn ohnehin sehen. Sie wollte wissen, mit wem ich mich eingelassen hatte. Nach einer tüchtigen Musterung war sie zufrieden mit meiner Wahl. Am Sonntag fuhren wir zum ersten Mal mit dem Motorrad aus. Ich hatte vorher noch nie auf solch einem Vehikel gesessen und daher ziemliche Angst. In den Kurven legte ich mich immer auf die falsche Seite, Otti konnte kaum lenken. Die Knie drückte ich so fest zusammen, daß ich blaue Flecken bekam. Doch ich gewöhnte mich schnell daran und bekam großen Gefallen an der luftigen Fahrt. Wir wirbelten ordentlich Staub auf, als wir so über die Naturstraßen ratterten. Otti sagte mir, hier bräuchte man keinen Puder. Ob er das nicht möge, fragte ich ihn, ich hatte mir nämlich das Gesicht gepudert. Er verneinte. Am nächsten Brunnen wollte ich mir das Gesicht waschen. Otti lachte und sagte, ich sei ein Schaf, er habe doch den Staub von der Straße gemeint. Wir lachten noch lange darüber. Aber der Alltag kam auch für uns Verliebte wieder, trotzdem war ich sehr dankbar für die acht schönen Tage. Ich erzählte Otti, daß mich die Lanzes mit den Ferien hintergangen hatten. Er fand, daß sie mich auch sonst schändlich ausgenutzt hätten, und ging für mich zur Gewerkschaft. Dort gab es einen kostenlosen Anwalt. Frau Lanz mußte mir dann tatsächlich die Ferien für beide Jahre nachbezahlen. Mit Ottis Unterstützung kam auch ich endlich einmal zu meinem Recht; allein hätte ich mich nicht zu wehren gewußt.

Meine letzte Station

Endlich konnte ich wieder jeden Tag meine geliebten Berge sehen. Ich merkte erst jetzt, wie sehr ich sie vermißt hatte. An meiner neuen Stelle in Thun wurde ich lieb und freundlich empfangen. Frau Manz war eine sehr schöne Frau mit warmen Augen. Der Meister gefiel mir auch, und vor allem gefiel mir der fünfjährige Knabe. Meine Augen wurden groß, als die Tür zu meinem Zimmer geöffnet wurde. Das Zimmer lag neben dem Schlafzimmer der Meistersleute und war heimelig und schön eingerichtet. Ich konnte es kaum glauben, daß ich so schön wohnen durfte. Auch das Badezimmer samt Badewanne durfte ich benutzen. Die ganze Wohnung war sehr geschmackvoll eingerichtet. Ich fühlte mich sofort richtig wohl. Frau Manz zeigte mir alles und erklärte mir, welche Aufgaben ich hatte. Ich mußte selbständig den Haushalt führen, denn sie arbeitete im eigenen Coiffeurgeschäft. Auch ihren kleinen Sohn vertraute sie mir an. Er sei ihr einziger und werde es auch bleiben, ich müsse gut auf ihn aufpassen. Das tat ich gerne. Der Bub war sehr still und kein Wildling. Der Haushalt war nicht groß, nur vier Zimmer, Küche, Korridor und Bad. Lohn hatte ich hundertfünfzig Franken inklusive Coiffeurspesen. Jede Woche wurde mir das Haar gewaschen und Dauerwellen gelegt. Immer von Samstagabend bis Montagmorgen hatte ich frei. Das schätzte ich sehr. Auch den Mittwochnachmittag hatte ich für mich. Der härteste Tag war der Montag, da war Waschtag. Aber Frau Manz half mir dabei, so daß es nicht gar so streng wurde. Montags mußte ich auch schon um sechs Uhr meine Arbeit beginnen, sonst erst um sieben Uhr. Viel Zeit verbrachte ich mit dem kleinen Oliver, spielte mit ihm oder ging spazieren. Es war unwahrscheinlich schön, dieses Leben. Zum erstenmal hatte ich das Gefühl, ein normaler Mensch zu sein. Ich glaubte, daß das Glück mit meinem Otti Einkehr gehalten hatte.

Frau Manz half mir bei der Kleiderwahl, denn ich mußte mich gut anziehen und immer eine weiße Schürze tragen. Ein paarmal schenkte sie mir auch ein Kleid oder eine Bluse. Sogar mein Haar sah schön und gepflegt aus. Mit der Arbeit kam ich gut zurecht, und in der Freizeit konnte ich viel nähen und stricken. In meinem Zimmer hatte es viele Bücher, die ich lesen durfte. Ich fand es herrlich, einmal in der Woche am Abend im Bett zu liegen und zu lesen. Ich kaufte auch ein Gedichtbändchen und lehrte Oliver Gedichte aufsagen. Als er sie den Eltern vortrug, gerieten sie außer sich vor Freude. Nur daß sie ihn so verwöhnten, gab mir ein wenig zu denken. Einmal wagte ich auch etwas zu sagen, da wurde Frau Manz böse und meinte, ich sollte es bei meinen eigenen Kindern einmal besser machen. So ließ ich es bleiben, den Kleinen zu erziehen.

Ich konnte es manchmal fast nicht glauben, daß es mir so gut ging. An allem hatte ich Anteil, war in die Familie integriert und besaß doch viele Freiheiten. In meiner Freizeit konnte ich tun und lassen, was ich wollte, niemand redete mir drein. Niemals mußte ich fragen, ob ich ausgehen dürfe.

An einem Samstagabend holte mich mein Schatz mit dem Motorrad ab. Er wollte mich zum ersten Mal seinen Eltern vorführen. Mir war angst und bang. Ich wußte ja nicht, wie sie mich aufnehmen würden. Ich war ein armes Mädchen ohne Beruf, nur ein Dienstmädchen, und von diesen hatten viele eine schlechte Meinung. Nun mußte ich es hinter mich bringen. Munter ratterten wir durchs Bigenthal und nach Hettiswil. Mit Stolz sagte Otti: »Das ist mein Zuhause.« Vor einem alten Haus mit Schindeldach hielt er an. Mir wurde ein wenig wohler, als ich die Hütte sah. Der Standesunterschied schien mir nicht allzugroß zu sein. Darüber war ich froh. So hatte ich die größere Chance, gut aufgenommen zu werden. Zuerst traten wir durch eine Tür in eine kohlrabenschwarze Küche mit einem winzigen Fensterchen. Dort begrüßte uns die Mutter. Sie führte uns in die Stube, wo es nur so wimmelte vor lauter Menschen, denn Otti hatte noch zehn Geschwister: drei Brüder und sieben Schwestern. Weil zwei Töchter schon verheiratet waren, kamen noch Schwiegersöhne hinzu. Es machte mir angst, als ich die vielen neugierigen Blicke auf mir spürte. Ich nahm allen Mut zusammen, reichte jedem die Hand und sagte, ich hieße Rosmarie. Dies lockerte die steife Atmosphäre etwas auf. Der Vater kam erst später ins Wohnzimmer, denn er hatte noch im Stall zu tun gehabt. Dort stand eine Kuh, die sein ganzer Stolz war. Von Beruf war er Maurer und arbeitete in Bern. Jeden Tag fuhr er mit dem Fahrrad die vielen Kilometer nach Bern zur Arbeit. Wieder zu Hause mußte er dann sofort die Kuh füttern und melken. Der Vater war ein bescheidener Mann, gutmütig und lieb; er hätte alles gegeben für die große Familie. Sich gönnte er nichts, er arbeitete und war zufrieden. Man hörte ihn nie klagen. Ich glaube, seine ersten Ferien waren eine Woche Gratisferien vom Maurerverband, die er nach treuer, fünfunddreißigjähriger Verbandsarbeit erhielt. Die Mutter war eine Frau mit verarbeiteten Händen, das Gesicht mager und voller Furchen. Vom vielen Kinderkriegen und der schweren Arbeit sah sie erbarmungswürdig aus und tat mir irgendwie leid.

Auch Otti hatte keine leichte Jugend gehabt. Mit dreizehn wurde er zur Patin, die im gleichen Dorf wohnte, gegeben. Er wurde dort tüchtig zum Arbeiten erzogen. Nachts schlief er zusammen mit den Knechten in einer kalten Dachkammer. Höchstens ein Kirschsteinsäckli, das den Tag über im Ofen gelegen hatte, gaben sie ihm. Otti ersetzte dort einen Knecht. Morgens und abends trug er die schwere Milchkanne in die Käserei. Die war so schwer, daß seine Arme und Finger blau waren, wenn er im Dorf anlangte. Auf dem Rückweg mußte er dann die heiße Schotte für die Schweine auf dem Rücken tragen. Morgens um fünf Uhr stand er auf, fütterte die Pferde und half im Stall. Erst danach bekam er Frühstück und konnte in die Schule gehen. In der Nacht hatte er oft Alpträume. Er träumte, er würde mit den Pferden nicht fertig, mit denen er tagsüber kutschieren mußte. Otti sagte mir, er sei oft aufgewacht und in seinem kurzen Hemdchen neben dem Bett gestanden. Er mußte viel und hart arbeiten. Für die Schulaufgaben hatte er meistens keine Zeit. Sein Lohn waren das Essen, Kleider und der Konfirmationsanzug.

Nach der Schule ging er ins Welschland, bis die Mutter ihm schrieb, sie hätte eine Lehrstelle für ihn gefunden. Also trat Otti das landwirtschaftliche Lehrjahr an. Doch als er die Prüfung abgelegt hatte, stand er praktisch mit nichts da. Bald mußte er einsehen, daß er mit dieser Ausbildung auf keinen grünen Zweig kam. So zog er es vor, auf dem Bau zu arbeiten. Da gab man ihm die Möglichkeit, eine Maurerlehre zu machen. Darum steckte er mit seinen vierundzwanzig Jahren noch mitten in der Ausbildung.

Ich hatte große Achtung vor ihm und liebte ihn über alles. Er gefiel mir auch so gut mit seinen schwarzen Haaren und den blauen Augen.

Weihnachten feierten Otti und ich Verlobung. Wir kannten uns nun schon ein halbes Jahr. Ich war überglücklich.

Otti durfte ich nicht mit auf mein Zimmer nehmen, das hatten mir Manzes verboten. So standen wir buchstäblich auf der Straße, wenn wir zusammenbleiben wollten. Manchmal gingen wir ins Kino. Da hatten wir es warm und konnten uns an den Händen halten. Wir träumten viel von unserer gemeinsamen Zukunft und wie schön es wäre, wenn wir zusammenbleiben könnten und uns nicht mehr auf den Straßen von Thun herumtreiben müßten. Wir schmiedeten Pläne über Pläne. Ich liebte Otti so sehr, daß es mir Schmerzen bereitete in der Herzgegend; das Gefühl ist unbeschreiblich.

Wir planten, in etwa einem Jahr zu heiraten. Otti war mit seiner Ausbildung bald fertig. Eigentlich wollten wir dann noch Geld verdienen. Aber es kam anders, ich erwartete ein Kind. Wir wünschten uns Kinder, nur war es noch ein wenig früh. Otti war im Militärdienst, und ich wollte es ihm nicht schreiben, denn ich hatte Angst, daß er sich aufregen würde und mit dem Motorrad verunglücken könnte. Deshalb wartete ich, bis er nach Hause kam. Er war nicht besonders erstaunt. Er sagte nur: »Dann werden wir halt so schnell wie möglich heiraten, das ist kein Unglück. Nun sind wir wenigstens sicher, daß wir Kinder bekommen.« Ich arbeitete noch eine Weile bei Manzes, mußte dann aber aufhören, weil mir immer öfters schlecht wurde. Es tat mir leid, die Stelle aufzugeben und besonders, Thun zu verlassen. Hier hatte ich meine bis jetzt glücklichste Zeit erlebt.

Am 9.August 1952 wurden wir in Mühlethurnen zivil und anschließend in Riggisberg in der Kirche getraut.

Kinder sind eine Leihgabe

Anfang 1978 war es soweit. Mit Bangen und Hoffen hatte ich der Zeit entgegengesehen, wo der ältere von unseren zwei Söhnen sein Nest verlassen würde. Der Prozeß der Ablösung hatte schon seit längerer Zeit begonnen. Er war lang zu Hause geblieben, nämlich bis er einen eigenen Hausstand gründen wollte. An einem Sonntag abend, als Otti und ich nach Hause kamen, traf mich fast der Schlag. Um ins Wohnzimmer zu gelangen, mußten wir durch das Zimmer unseres Ältesten gehen. Dort starrte uns eine trostlose Leere entgegen. Die Zeit unserer Abwesenheit hatte er benutzt, um seine Habseligkeiten zusammenzupacken und wegzugehen. Ich hätte ihm gerne noch ein paar Sachen zurechtgemacht, bevor er ging. Nun, das hatte sich erübrigt. Ich war darauf gefaßt gewesen, daß er wegzog, aber nicht auf diese Art. Es tat mir unheimlich weh, daß er, ohne ein Wort zu sagen, einfach wegschlich. Fünfundzwanzig Jahre lang teilten wir Freud und Leid miteinander. Ich versuchte dem Buben eine verständige Mutter zu sein. Natürlich machte auch ich Fehler, trotz des Gutmeinens. Den ganzen Abend mußte ich die Tränen zurückhalten; ich brauchte Wochen, um alles zu verdauen. Ich hatte mir immer eine Tochter gewünscht und gehofft, in meinen Schwiegertöchtern eine zu finden. Doch es kam alles ganz anders. Auf einmal saß ich alleine in meinem Boot. Auch der jüngere Sohn heiratete nach dem Studium. Ich hoffte immer, ein gutes Verhältnis zu den Jungen zu erhalten, doch bald wurde ich allein gelassen. Die Ablösung hatte gründlich stattgefunden. Zurück blieb ein Häuflein Elend, die Mutterpflichten waren weg. Was nun? Mir war klar, daß etwas geschehen mußte. Ich konnte doch nicht mit den Händen im Schoß auf den Tod warten. Ich war knapp über fünfzig. Dazu war ich elfeinhalb Stunden am Tag allein, denn mein Mann arbeitete in Bern. Ganz untätig war ich zwar nie. Ich zeichnete und malte gerne. So versuchte ich – in eigener Regie – Wiesenblumen zu malen, weil diese mir immer besonders gut gefielen. Es sind Blumen, die die Natur uns schenkt, die bescheiden blühen und doch so vollkommen und schön sind. Diese Blumen malte ich auf Keramik, Holzgegenstände und Kerzen. Auch Bilder fertigte ich an und verkaufte sogar etliche zum bescheidenen Preis von fünfzig Franken. Einmal kratzte ich mein Geld zusammen und besuchte einen Malkurs an der Volkshochschule in Burgdorf. Zehn Malabende waren geplant. Mit fünfzehn Teilnehmern fing ich an, am Schluß waren wir noch zu viert. Wir malten nach Musik und Literatur, aber nichts durfte gegenständlich sein. Es fehlte jede Erklärung. Ich verstand auf jeden Fall überhaupt nichts. Den anderen wird es ähnlich ergangen sein, sonst wären sie nicht ausgestiegen. Aber ich harrte aus, denn ich wollte etwas lernen. Ich hoffte immer, daß mir plötzlich ein Licht aufgehen würde, daß ich eine Katze, die auf einen Baum springt und auf der anderen Seite herunterkommt, zeichnen könnte, ohne einen Baum und eine Katze zu malen. Wie das aussehen sollte, war mir schleierhaft. Der Kursleiter sagte nie, wie er sich etwas vorstellte. Am letzten Kursabend, als ich mich für einen weiteren Kurs anmelden wollte, teilte er mir mit, daß es wohl besser für mich wäre, keinen weiteren Kurs zu besuchen, sonst würde ich zwischen Stuhl und Bank fallen und zuletzt gar nichts mehr können. Mit einem wahnsinnigen Würgen im Hals verließ ich das Kurslokal. Da war es wieder: Du kannst nichts und bist nichts, der hat es dir gezeigt. Unfähig, auf diesem Sektor etwas zu leisten! Der Schmerz, wieder versagt zu haben, war fast unerträglich. Ich schämte mich unendlich und war zu keinem klaren Gedanken mehr fähig. Ein zweiter Kurs fand nie mehr statt und die Organisation löste sich auf. Mit dem Stempel der Dummheit auf dem Buckel schlich ich weiter durchs Leben.

Ich verhielt mich ruhig, um ja nicht aufzufallen. Alles ließ ich mit mir geschehen. Ich hatte Angst, irgendwo in Ungnade zu fallen. Diese Angst saß mir ein Leben lang im Genick, und damit beschwor ich es wahrscheinlich fast herauf, daß ich immer ausgenutzt wurde. Weil ich so schüchtern war, forderte ich die Leute heraus, auf mir herumzutrampeln. Doch einmal wendete sich das Blatt zu meinen Gunsten. Meine Schwester schenkte mir ein Horoskop. Eine Astrologin kam zu mir nach Hause, rechnete alles aus und sprach über mich. Unter anderem meinte sie, daß ich sogar sehr intelligent sei. Mir fielen fast die Augen aus dem Kopf vor Staunen. Ich dachte, sie müßte in den falschen Sternen Ausschau gehalten haben. Zuerst glaubte ich nicht viel von all dem, was sie mir erzählte. Einfach unmöglich. Ich wußte auch nicht, wo diese Intelligenz in mir stekken sollte. Ich spürte so gar nichts davon. Alles, was ich bis dahin erreicht hatte, war nichts Großes. Auf jeden Fall nahm ich alles als selbstverständlich hin. Und doch blieb etwas von diesen Worten in meinem Innern hängen. Ich sprach mit keinem Menschen darüber und mußte doch immer wieder daran denken. Aber ich wußte nicht, in welcher Ecke diese Intelligenz zu suchen war.

Ein wenig Selbstvertrauen erlangte ich bei meiner Schwester, als sie mich engagierte, um bei einer Modenschau mitzuhelfen. Ich brachte es fertig, die Leute zu begeistern, wenn ich über den Laufsteg schritt, trotz meiner Kleidergröße 48 - 50. Die Leute fanden es toll, nicht nur junge, schlanke Mädchen zu sehen, sondern auch einmal eine runde Dame.

Unterdessen war ich Präsidentin des Frauenturnvereins »Satus« geworden. Obwohl ich mich kaum hinter dem Tisch aufrecht halten konnte vor lauter Knieschlottern, schaffte ich es, einen Verein zu leiten. Das stärkte mein Selbstvertrauen und gab mir Mut zu weiteren Taten. Was ich weit von mir geschoben hatte, nahm plötzlich wieder Gestalt an. Ich nahm mein Herz in beide Hände und meldete mich trotz meiner zweiundfünfzig Jahre beim Frauen-Coop-Bund zu einem Schönschreibkurs an. Ich hatte schon in der Schule immer Freude an allem Schönen und besonders an schön verzierten Buchstaben gehabt. Als ich das erste Mal das Kurslokal betrat, hatte ich das Gefühl, es drücke mir jemand eine große Faust in den Nacken. Und in der Magengegend fühlte ich ein schmerzliches Ziehen. Es kostete mich eine große Überwindung, mich an einen Tisch zu setzen. Ich merkte sehr schnell, daß der Kursleiter ein strenger und barscher Kerl war, und hatte Angst vor ihm. Doch manchmal blitzten seine Augen schalkhaft auf. Aber für mich war es wie in der Schule, vor mir stand wieder der Lehrer. In meinem Innern hörte ich manchmal seine Stimme: »Röse, wie dumm du bist, dich sollte man lebendig begraben.« Mit zittriger Hand kritzelte ich Buchstaben in mein Heft. Ich schwor mir, dieses Mal nicht zu versagen. Potz Blitz, all denen, die mich getreten hatten, würde ich es jetzt beweisen, daß ich auch etwas taugte. In jeder freien Minute übte ich zu Hause, bis die Buchstaben so standen, wie sie sollten. Ich merkte, wenn man es zu etwas bringen wollte, mußte man immer wieder üben. Doch einmal im Kurs passierte mir etwas Schreckliches. Meine Augen waren nicht mehr die besten, als ich etwas Weißes, Längliches, neben der Wandtafel auf dem Boden liegen sah. Ich hielt es für eine Kreide, hob sie auf und fragte den Kursleiter, ob er sie verloren hätte. Er verneinte. Ich konzentrierte mich weiter auf meine Buchstaben und schenkte dem Vorfall keine Beachtung mehr. Plötzlich flüsterte mir der Leiter ins Ohr, er wüßte jetzt, was ich ihm in die Hand gedrückt hätte: so ein Ding, das die Mädchen jeden Monat brauchen, er glaube, es heiße Tampon! Ich dachte, der Boden müsse sich unter mir öffnen, damit ich darin versinken könnte.

Auf jeden Fall schaffte ich es, mich für weitere Kurse anzumelden. Auch Zeichen- und Malkurse besuchte ich noch einige. Niemand sagte mir je wieder, ich würde besser zu Hause bleiben.

An einer Ausstellung sah ich einmal eine Frau an einem Stand sitzen und Brandmalereien anfertigen. Sie machte einen großen Eindruck auf mich, und ich fand, das müsse etwas Tolles sein, selbstsicher dazusitzen und so etwas Schönes vorzuführen. Zugleich konnte man sich an diesem Stand für einen Kurs anmelden. Meine Schwester war dabei, sie fand, ich müßte da mitmachen. Es kostete mich große Überwindung, meinen Namen auf das Anmeldeformular zu schreiben. Zudem fand dieser Kurs noch in Bern statt, wo ich keinen Menschen kannte. Ich überwand meine Angst und reiste nach Bern ins Hotel Bristol. Schüchtern setzte ich mich auf einen freien Platz und harrte der Dinge, die da kommen sollten. Bald lagen die Werkzeuge, die wir mitbringen mußten, auf dem Tisch, und der Kurs begann. Zuerst fertigten wir Spansterne an. Aus kleinen Röllchen, die wir zusammenklebten, entstanden diese Gebilde. Auf einmal merkte ich, daß mein Häufchen nicht größer wurde, sondern eher schwand. Ich fing an aufzupassen. Da sah ich, daß die Finger meiner Nachbarin immer nach meinen Röllchen griffen. Und zum ersten Mal wagte ich mich zu wehren: »Halt, das sind meine!« Sie sah mich ganz erschrocken an und sagte: »Das sind doch meine.« Da zeigte ich ihr, wo ihre eigenen lagen. Sie lief rot an und ließ meine Sachen in Ruhe. Ich war mächtig stolz auf mich, daß ich auch einmal das Maul aufgemacht hatte.

Am Nachmittag lernten wir dann brandmalen. Ich kam nicht so richtig zurecht mit dem Brenner. Es waren viele Teilnehmer, und wir saßen eingepfercht in einem kleinen Raum. Die Kursleiterin kam nicht einmal zwischen den Tischen durch, so daß sie uns nicht helfen konnte. Auf jeden Fall wurde es Abend, ich war müde. Die Kursleiterin verkündete uns, daß wir nun ausgebildet seien und selber Kurse geben könnten. Wir hätten noch Zeit zum Üben bis Weihnachten, dann müßten wir soweit sein. Ich deckte mich ein mit Spanschachteln und Material. Die Sache nahm ich ernst. Kursleiterin, das war leichter gesagt als getan. Was sollten wir unseren Schülern beibringen, etwa die Glückwunschkarte, die wir mit Mühe und Not eben erst selbst zustande gebracht hatten? Ich machte mich ans Üben, und langsam fing es wirklich an, mich zu interessieren. Ich fertigte eigene Motive an. Bald entwickelte ich eine eigene Technik. Ein Jahr später saß ich am Platz dieser Frau am Stand, mein Traum war in Erfüllung gegangen. Unterdessen hatte ich mich so weit entwickelt, daß ich eigene Kurse geben konnte. Zuerst waren es nur Leute vom Turnverein. Das Ganze entwickelte sich aber immer weiter. Halbe Nächte saß ich am Tisch und arbeitete wie eine Besessene. Bald wurde ich als Leiterin für Kursleiterinnen engagiert. Ich entdeckte, daß ich eine große Gabe zum Weitergeben besaß und daß Talente in mir schlummerten, von denen ich nie zu träumen gewagt hätte. Bald unterrichtete ich Kursleiterinnen aus der ganzen deutschsprachigen Schweiz. Ich lernte viele Menschen kennen und knüpfte Kontakte. Ich versuchte, den Leuten nicht nur das Brandmalen beizubringen, sondern ihnen auch menschliche Wärme und Liebe zu geben. Wie viele das nötig haben, erfahre ich spätestens, wenn der Kurs zu Ende ist und sie mit Tränen in den Augen auf der Türschwelle stehen. Da durchzieht mein Herz eine tiefe Zufriedenheit, und ich weiß, daß sie mehr mit nach Hause nehmen als gelernte Buchstaben und Brandmalerei. Mir macht es auch Freude, wenn ich aus wertlosem Material, wie zum Beispiel Abfallholz, etwas gestalten kann. Man muß sich in jedes Stück Holz hineinfühlen, es achten und sich daran freuen.

Auch der Umgang mit Farben bereitet mir große Freude. Ich stelle mir idyllische friedliche Landschaften vor, wo man sich an Gemüt und Seele erholen kann. Bäume, für mich Symbole des Lebens, müssen auf dem Bild sein. Eine große Weite, die bis ins Unendliche reicht, wo man sich frei und nicht eingeengt fühlt. Lichter müssen in meinen Bildern sein. Denn was wäre das Leben ohne Licht? Mal setze ich mich mit Seelen, ein anderes Mal mit Liebe auseinander. Oft bin ich selbst überrascht, was dabei herauskommt. Ich diskutiere gerne mit Menschen über meine Bilder. Manchmal werden mir die Augen erst durch den Betrachter geöffnet. Aber es ist nicht alles lauter Sonnenschein. Manchmal will es mir über längere Zeit nicht gelingen, etwas Gutes zu schaffen. Ich habe keine Einfälle und fühle mich wie ausgedörrt, hohl und leer. Durch ein schönes Erlebnis kann sich alles ändern, aber auch Trauer kann mich motivieren. Manchmal sitze ich tagelang ganz alleine in meinem Atelier und schreibe Urkunden, Titelblätter zu Fotoalben oder was sonst alles so anfällt. Am härtesten ist es immer, wenn ich den Kopf voller Ideen habe, um Bilder zu malen, und stattdessen Urkunden schreiben muß. Da kommt schon eine große Unruhe in mir auf, und ich bin hin- und hergerissen. Schlußendlich gehorche ich der Pflicht, um auf den Termin fertig zu werden. Wenn es Frühling wird und die Sonne verlockend vom Himmel lacht, fällt es mir schwer, am Tisch zu sitzen und Kundendienst zu leisten. Da zieht es mich an allen Haaren in die Natur, die ich so sehr liebe.

Ein tolles Erlebnis hatte ich vor vier Jahren, als ich plötzlich einen Telefonanruf vom Radiostudio Bern erhielt. Ich wurde gefragt, ob ich in einer Sendung mitmachen wolle. Wie sie denn auf mich gekommen seien, wollte ich wissen. Die Redakteurin gab zur Antwort, sie hätte gehört, ich hätte ein Manuskript zu einem Buch verfaßt und würde vielleicht gerne Geschichten schreiben. Wir machten einen Termin ab. Pünktlich erschien ich am vereinbarten Ort. Ich fand es einzigartig, im Studio durch die Tür zu gehen und dort sogar etwas zu tun zu haben. Noch zwei weitere Personen waren zur Besprechung gekommen. Uns wurde mitgeteilt, daß wir eine Mundartgeschichte von etwa zehn Minuten zu schreiben hätten. Alle vier Wochen kämen wir dann turnusgemäß zum Vortragen dran. Wir mußten eine

Kostprobe schreiben und einschicken, damit sie prüfen konnten, ob wir uns überhaupt eigneten. Da hatte ich mich in etwas Schönes hineinmanövriert! Und doch war mir klar, daß ich es schaffen mußte. Es war unendlich schwer für mich. Da ließ ich einfach mein Herz sprechen und schrieb, was mir mein Gefühl eingab. Und siehe da, ich kam an. Meine Erzählungen gefielen sogar den Jungen. Es traf sich, daß ich meine erste Sendung hatte, als meine Mutter einen Schlaganfall erlitt. Es war kurz vor Weihnachten 1984. Mir war klar, daß ich über dieses Erlebnis schreiben wollte. Durch Zufall wurde die Mutter, am Boden liegend, in ihrer Wohnung entdeckt. Sie war schon lange schwer gehbehindert gewesen. Doch hatte sie ihren eisernen Willen behalten und den Haushalt bis zum letzten Tag selber besorgt. Wie im Herbst ein Blatt vom Baum fällt, so fiel sie. Sie lag noch vier Wochen im Spital. Als ich an ihrem Bett saß, rollte wie ein Film ihr Leben vor mir ab. Ich hielt ihre verarbeitete Hand in meiner und versuchte, sie etwas zu wärmen. Sie wollte immer wieder sprechen, doch man konnte sie nicht verstehen. Die letzten Sätze in meiner Geschichte lauteten: »Seit gestern geht es der Mutter nicht mehr gut. Doch Weihnachten ist trotzdem gekommen, und ihr Platz am Tisch bleibt leer. Wir haben keine Mutter mehr, die uns an Weihnachten eine Geschichte vorliest und ein Päckli unter den Christbaum legt.«

Mit diesen Worten hatte ich meine Kräfte fast überschätzt. Mit Mühe brachte ich es fertig, auch noch den folgenden Satz zu lesen: »Was das alte Jahr uns gebracht hat, wissen wir jetzt, was uns das neue bringt, da können wir nur hoffen.« Ich endete mit den Worten: »Allen wünsche ich alles Gute und einen Menschen, der Euch liebhat. Ich glaube, das ist das Schönste, was wir haben können.« Mit den letzten Worten war es auch mit meiner Beherrschung zu Ende. Ich heulte haltlos vor mich hin. Die Redakteurin versuchte alles, um mich zu trösten, sogar ein Täfeli bot sie mir an, doch wie sollte ein Täfeli den Schmerz lindern? Am 2. Januar 1985 schloß die Mutter ihre Augen für immer. Ich war erleichtert, daß sie in so kurzer Zeit sterben konnte. Ich hatte immer Angst, daß sie noch ins Pflegeheim müßte. Sie hatte von mir erwartet, daß ich sie bei mir pflegen würde. In unserer Wohnung, im dritten Stock ohne Lift, wäre das aber unmöglich gewesen. Für mich hätte das eine zu große Belastung bedeutet, da sie immer sehr eigensinnig war. Sie verstand es immer ausgezeichnet, mir etwas an den Kopf zu werfen. Ich hatte ewig Schuldgefühle ihr gegenüber. Wenn wir an einem Sonntag ohne die Mutter ausfuhren, war es mir den ganzen Tag nicht wohl, weil wir sie nicht mitgenommen hatten. Doch kam einmal der Punkt, wo ich mich entscheiden mußte, Mutter oder meine Familie. Ich war meiner Mutter immer sehr dankbar, daß sie uns in den schweren Zeiten bei sich behielt und für uns arbeitete. Doch kann ich mich nicht daran erinnern, daß sie mich je gestreichelt oder mir einen Kuß gegeben hätte. Der einzige Körperkontakt war, wenn sie mir die Haare zu Zöpfen flocht. Sonst hatte ich das Gefühl, daß zwischen ihr und mir ein Graben lag. Ich kam ihr nie nahe. Ich fühlte immer, daß sie mich ablehnte und doch wieder annahm. Ein Gefühl, daß man nicht ausdrücken kann. Seit sie sich das zweite Mal verheiratet hatte, fühlte ich mich ausgestoßen. Es war alles auf Abwehr. Und trotzdem ließ ich meine Mutter nie im Stich und verzichtete wegen ihr auf vieles. Die Mutter stand immer wie ein Schatten in meinem Leben. Ich konnte mich lange nicht entfalten. Viel früher hätte ich gerne meine Lebensgeschichte aufgeschrieben, aber mir waren die Hände gebunden. Ich hätte nicht frei schreiben können, vor lauter Rücksichtnahme. So wurde sie auch immer zornig, wenn ich erwähnte, wie ich geschlagen wurde. Mit böser Stimme tat sie es ab: »Du wirst es nötig gehabt haben«, und das Gespräch war zu Ende. Ich hatte nie Gelegenheit, ihr zu sagen, wie weh mir alle Ungerechtigkeiten taten. Sie machte sich nie die Mühe, mich zu verstehen. Ich glaube, darunter habe ich ein Leben lang gelitten. Ich wurde immer nur verurteilt und nie angehört. Auf jeden Fall war ich dankbar für die gute Lösung und daß der liebe Gott die Mutter so schnell sterben ließ. So nahm ein schweres Frauenleben sein Ende; und von meinen Schultern fiel ein große Last. Trotz allem schmerzt es, eine Mutter zu verlieren.

Für mich fing mit fünfzig Jahren ein neues Leben an. Es ist nie zu spät, wieder die Schulbank zu drükken, zu lernen und sich so zu entfalten, Ängste zu überwinden und sich immer wieder frei zu machen für etwas Neues. Ich möchte es halten wie die vierundachtzigjährige Frau, die bei mir schon zwei Kurse besucht hat. Als ich sie fragte, wie man das anstellen solle, so lange vif zu bleiben, antwortete sie, man müsse immer ein Ziel vor Augen haben und nie aufgeben, immer wieder etwas suchen, das Freude mache, und nie rasten.

So hoffe ich, daß ich mit meiner Arbeit noch viele Jahre vielen Menschen Freude machen kann und sich meine Entwicklung so entfaltet wie in den letzten Jahren.

Ganz herzlich danken möchte ich allen, die mir geholfen haben, mein handgeschriebenes Manuskript zu einem Buch zu machen. Meiner Cousine Lorli Friedrich, die in Fronarbeit die 250 Seiten abgetippt hat, so daß man sie an Verlage schicken konnte. Es kamen immer Absagen, und ich glaubte fast nicht mehr daran, daß aus meinem Geschriebenen noch etwas werden könnte. Ich danke auch der Gewerkschaft Bau und Holz, die mein Manuskript nach Bern in die Arbeiterbildungszentrale schickte. Walo Landolf, der sich dafür einsetzte. Werner Wüthrich, der alles unternahm und mir sogar fünfzig Seiten überarbeitete. Der Gemeinde Burgdorf, die mir einen Geldbetrag zusprach. Ganz besonders danke ich Walter Keller, der den Mut hatte, sich ernstlich um das Manuskript zu kümmern, und der erkannte, daß viel geschrieben steht, das der Nachwelt erhalten bleiben sollte. Dank gebührt der mutigen Lektorin Regina Kurz, die das Ganze überarbeitet hat.

Allen Helfern herzlichen Dank.